ハワイ神話

「夢」紀行

金成陽一

彩流社

一川へ<ruby>イーチュアン<rt>イーチュアン</rt></ruby>

目次

はじめに

旧石器時代、大陸と太平洋の島々との距離は今よりずっと近かった。だが、いずれにしても人々は海を渡らなければ島へ行くことはできなかった。それらの中でもハワイ諸島に人間が移住したのは太平洋の中でも最も遅く、大陸に近い島々が紀元前であるのに対して、ハワイは紀元後である。太平洋のど真ん中に点のように浮かんでいるハワイ諸島は、アジア大陸から一番遠くに位置しているのだから、それも当然であっただろう。「ハワイで復元された双胴カヌー、ホクレア号の実験では、タヒチとハワイの間の航海は約一か月かかることが実証されている」(『世界の神話　英雄事典』河出書房新社)という。ポリネシア人が最初にハワイにやってきたのは、西暦三百年から七百年の間で、十九世紀まで原住民のポリネシアン・ハワイアン(Polynesian Hawaiians: Creation Myths of the World,Vol.1)は独自の神々と文化を維持していたのである。

広く南太平洋地域で活躍していた英雄マウイや母親の女神ヒナ、そして火の女神ペレといった神々も人々の故郷から一緒にハワイへとやってきたのである。そうした神々の活躍する神聖な物語は、人々の間で生きたものとして機能していた。神という超越的存在が自分たちの世界を守ってくれるという考えは、どの民族にも共通していて、それを物語形式で表したのが神話である。その中心は、人間にとって重要な物事の起源を語ることであり、その在り方には(キリスト教のような)唯一神による創造型と、原初の物質が自然に発達してくる進化型との二つがあり、ハワイ神話の場合は日本やギリシャ同様、創造神とその協力者によっているのである。

ハワイ諸島では人口の多い島々が次第に一部の首長によって統一され、支配されるようになっていくのだが、社会構成は非常に複雑を極めていたようだ。

首長の血族は八つの階級に分かれ、結婚も、ときには兄弟姉妹あるいは異父母の兄弟姉妹同士ですることはあっても、平民とのあいだでおこなわれることはなかった。平民は階級の高い首長たちの前で平伏することを要求され、首長、役人、そして一部の職人たちは食糧生産のための労働に携わらなくてもよいことになっていた。

(J・ダイアモンド「銃・病原菌・鉄」上巻、草思社)

ハワイは太平洋地域のほかの島々とあまりにも遠く、その支配力がハワイ諸島の外にまで及ぶことはなかった。ヨーロッパ人がハワイを発見したのは一七七八年のことである。

二十数年前に何度かハワイ島をドライブした時の旅日記と神話、昔話の記録をコロナ禍の中で読み直しているうち、ほとんど忘れかけていた当時の様々な出来事がつい昨日のことのように思い出されてきた。昔の雑文など読み直してみるとがっかりすることのほうが多いのだが、今回は私の中でそれらをもう一度まとめておきたいという気持が湧いてきたのである。ハワイを訪れる人は多いけれど、その神話や物語を知る人は少ないのではないか。「こんな物語もあるんですよ」とご紹介するだけでも意義があるのではないかと考えたのだ。

大昔の人々は文字とはまるで無縁の生活をしていたから、口伝えの話（つまり口承文芸）は長い生命を保ってきたのである。録音機器などなかった時代の口伝えとは、必然的にその場限り一回だけのもので、常に変化をしながら人から人へと受け継がれてきた。神話、伝説、昔話と分類される口承文芸の中でも、最も古い神聖な物語が神話であり、それは太古の人々の心の中で、常に大きな位置を占めていたのである。神話は宗教であり、土俗の神々や精霊といった超自然的な存在なのであった。土俗の神とはその民族だけのもので、他の民族には決して語らない、あるいは語ってはいけないものであったから、娯楽性の強い昔話とは根本的に違って、神話はその民族にとっては本質的な生存を基礎づける哲学的な意味を持っていたのである。この点で神話は、世俗的傾向のある伝説とも根本的に違っている。一般的に分かりやすいのは、神話＝宗教、伝説＝歴史、昔話＝娯楽という分類なのだが、しかしこれら三つは当然ながら部分的に微妙に重なり合っている場合も多いのである。

岩手の古老が話したという昔話のはじまりを思い出そう。

とんとあるはなし。あったかなかったかしらねども、昔のことなれば、なかったこともあったにして聞かねばならぬ。

恐らくこの言葉は昔話だけではなく、神話にも当てはまるだろう。そう、神話もまた「あったはなしにして聞かねばならぬ」のである。

第一章　世界の始まり

ハワイの神話には元々ハワイ諸島独自の神々が存在したわけではなく、はるかな時代に移り住んだポリネシア人やミクロネシア人たちと一緒に神様たちもやって来たのである。ハワイ神話の特徴は他の地域に較べると神々の数が増えていることである。

ポリネシアと呼ばれるのは、ニュージーランドからミッドウェー、ハワイ諸島、東は南米大陸から四千キロメートルも離れたイースター島までと、その地域はとてつもなく広い。その語源はギリシャ語ポリ（多く、英語の many, much）と島を意味するネソスの合体語である。

一方ミクロネシア（やはりギリシャ語で「小さな島々」の意）は小笠原諸島の更に南からフィリピンの東側、そしてグアム島やトラック諸島等を含む地域で、広大なポリネシアに較べると五分の一ぐらいの広さである。もっと南にあるニューギニアやニューカレドニア、フィジー諸島あたりはメラネシア（ギリシャ語「メラス（黒い）」から「黒い人々の島々」の意）と呼ばれる地域だ。ポリネシア、ミクロネシア、メラネシアというこれら三つの文化や言語は、人々が移住を繰り返した結果、互いに複雑に影響しあっているのである。
ニュージーランドの「天地の分離」神話は世界がどのようにして成立してきたかを人間に擬した神に置き換えて説明した話である(もっとも、こうした未開人の天地分離神話はニュージーランドに限ったものではなく、アフリカや古代オリエント、古代ギリシャ「クロノス神話」、東南アジア等々広く分布している)。
マオリ族に伝わる「天地の分離」神話の「あらすじ」は次のようだ。

世界のはじめにランギ(Rangi: 天空を擬人化したもの)がパパ(Papa: 大地を擬人化したもの)に恋をした。天にはまだ太陽も月も星もなく、世界は暗闇に支配されていた。ランギはパパを抱きしめ、いつまでもそうしていたので、二人から生まれた神々はその身体の暗い場所に挟まれて身動きもできず、そこで子供たちは「二人を殺してしまえ」と相談を始めるのである。「殺そう」と主張したのは一番凶悪なトゥ・マタウェンガ(Tu-matauenga)だが、森の神タネ・マフタ(Tane-mahuta)は「親を殺すのはよくない。二人を引き離し、天をわれわれの上に、地を下に置こう」と言う。皆が賛成したものの、一人一人がいざ天地を引き離そうと試みても悉く失敗してしまう。最後にタネ・マフタが逆立ちをして大地パパの身体に頭をつけ、足を父なる天空ランギの身体に当てて、思い切り背伸びをすると、ランギとパパはやっと引き離され始めたのだった。

「どうしてお前は父と母を引き離すような恐ろしい罪を犯すのか」と両親が叫んでもタネ・マフタはその動きをやめようとはせず、こうして天と地は遠くに隔てられることになったのである。夜ごと天から降る露は、愛するパパを偲ぶランギの涙だという。

母親のパパをひっくり返してから、そのことはこれを謀った息子の名にちなんで、テ・フリハンガ・ア・マタアアホ、すなわち、「マタアアホのひっくり返し」といわれている。このことがあってから、ランギの流す涙は、以前、世界中が洪水に見舞われたときよりも少なくなった。いまではもうランギの涙は、夜分にパパの背中の一部をなす露の滴となった。谷間にでる朝霧は、彼女の吐息であった。

（「ニュージーランド神話」青土社）

以上はニュージーランドの創生神話なのだが、海と空と大きな山しかないハワイ島をドライブしていても同じように、こうしたスケールの大きな神話が出来上がってきた理由がよく理解できる。それにしても、女性に擬人化した大地の母の名が「パパ」とは面白いけれど、元々ポリネシア神話では男性原理、女性原理どちらもパパという名称で呼ばれていたらしく、これらを区別するためにはパパの後に何らかの言葉を補っていたという。

このような父なる天空と大地である母という考えは、ポリネシアの人びとの哲学的・宗教的な考えの中に深く根を下ろしている。サモアではタンガロア・ラギは天空の神であり、パパトゥは父なる山、そしてパーパエレは母なる台地である。ハワイ、ラロトンガ、タヒチではアテア(ハワイでいうワケア)が天なる父を表している。ハワイでも、パーパは母なる大地である。

(「世界神話大図鑑」東洋書林)

ハワイ神話に登場してくるパパは最初の人間の女とされており、同じく天と地とを分離するのは英雄マウイである。人々が困っているところに通りかかったマウイは、女に水を飲ませてもらうと天を持ち上げてやったのだ。マウイ島にあるマウイの偉大なる山ハレアカラに、雲が長くとどまらないのはそのためだという。

もう一つ、実はタンガロアもまたパパとランギとの間に生まれた子供だったというニュージーランドのアワラ族に伝わる神話もある。

パパとランギの温かい抱擁の中には二人が既に創り出していた生き物が存在しており、その中には、タネ、タンガロア、トゥ、ロンゴ、ハウミアそしてタウヒリの神を含んでいた。ランギとパパのその子供たちは二人の抱き合った空間の中で居心地が悪くなり、両親を殺すかあるいは二人を引き離すかを論じた。(中略)。最初に栽培食物の父であるロンゴが試し、それから魚と爬虫類の父であるタンガロア、続いて野生植物の父であるハウミア、そしてトゥが試した。

しかしみな失敗した。

最後にタネが試してみたが、腕があまりにも短かったので、頭を大地である母の方に置き、空である父に足を上げ、ふんばって二人を引き離そうとした。タネは二人の泣き叫ぶ抗議には注意を向けないで、徐々に大地を押し下げ空を強く押し上げたのである。

(「オセアニア神話」青土社)


前八世紀頃に活躍したギリシャの詩人ヘシオドス(Hesiodos)によれば、世界の初めは全てが混沌とした無秩序状態(chaos)であったという。ギリシャ神話では、このカオスの中からまず大地と豊穣の女神ガイア(Gaia)が生まれ出てくる。ガイアはひとりでまず天の神となるウラノス(Uranos)を生み、やがてその息子(ウラノス)と夫婦になって、ティターン(Titans)と呼ばれる十二人の子供たちを生む。彼女は更に一つ目巨人のキュクロープスという息子たちや、五十の頭と百本の腕を持つヘカトンケイルという巨大な怪物たちも生んだのだったが、しかしこれらのグロテスクな息子たちに驚いたウラノスは彼らをすぐに縛り上げ、母ガイアの腹の中に戻してしまったのである。このひどい仕打ちに怒ったガイアは末っ子のクロノスに大鎌を渡して、自分の恨みを晴らしてくれるように頼んだのである。クロノス以外の息子たちは、乱暴な父を恐れて誰も名乗り出なかったから。

クロノスは、夜ガイアを抱こうと裸で覆いかぶさったウラノスの性器を大鎌で切り取ると、海に捨ててしまった。(やがて、この性器の白い泡の中から生まれ出たのが美の女神ビーナスである)。

こうしてクロノスは父に代わって神々の王となったのだが、息子を呪ったウラノスは「いずれお前も自分の息子によって王座を奪われるだろう」と予言していた。果たしてこの予言は実現し、やがてクロノスは息子ゼウスに地底のタルタロスに閉じ込められてしまうことになる。まさに「因果応報」といったところなのだが、ファンタジーに満ちてうまく体裁の整っているこのギリシャ神話に較べると、天のランギと大地のパパが抱き合って子供が生まれるマオリ族やアワラ族の神話の方は、非常に荒削りな印象を受ける。

最初の人間

エリアーデは「ベレシット・ラッバ」の中で「アダムは、その右側は男性、その左側は女性なりしが、神これを二つに裂きたまいぬ」と書いた。また、人間は元々両性具有、つまりアンドロギュヌスの姿であったのが、傲慢になって神々に逆らった結果、神によって男と女の二つに分離させられてしまったと言ったのはプラトン(「饗宴」)であった。それ以来男と女は永遠に互いの分身を求め続けているという訳だ。別のレベルで、人間は「ないものねだり」の動物で、常に自分にはない別の性に憧れるのかもしれない。それは男と女の外見的な特徴ばかりとは限らず、逞しさとか優しさとか、要するに自分に欠けているものを欲しがるのだろう。

サモアやトンガ諸島では「原始の岩」から風や雲が湧き出して世界が始まり、その後天界の創造神タンガロア(Tangaroa)が活躍することになるのだが、この創造神がハワイではカナロア神(とカネ神)となっている。ハワイ語ではt＝k、r＝lとなるので、TangaroaがKanaloaとなるのだ。タンガロアは何もない空間の中で、あらゆるものを作り出している。

大昔、天界から地上を見下ろしていたタンガロアは、果てしない海原に一つの石が浮かんでいるのに気づく。彼はそれを持ち上げて女の形とし、動くようにして自分の妻とした。しばらくすると女は一羽の鳥を産み、鳥は下界に投げられた大きな岩の上に住むことになる。しかし岩は丸裸で、日に照らされて暑くてたまらず、鳥はタンガロアに陰を作ってくれるように頼む。タンガロアは葡萄の木を投げ下ろし、岩の上には大きな陰ができた。鳥は喜んでその葉陰で休んだりしていたものの、ある時タンガロアの怒りに触れ、神は天界から沢山の虫を下ろしてきたのである。虫は瞬く間に葡萄の葉や枝を食い尽くし、とうとう木は枯れてしまった。やがて、腐った葡萄から蛆が湧き出し、その蛆から生まれてきたのが人間だという。

サモアではタガロアラギ、ハワイではタカロア、マルケサス諸島ではタナオア、タヒチではタアロア、ラロントンガではタンガロアの名で知られている大洋の父タンガロアは、ポリネシアの最も古い最初の秩序をもたらした人間と同系の神である。ポリネシア西部で最もよく知られた話としては、タガロアラギは天上に住み、そこからチューリという鳥を海に放ったという話がある。チューリは帰ってきて「海にあるのは水ばかりで陸地は見えません」といった。そこでタガロアラギは、海に石を投げこむことにした。その石がサモア環礁を形成するウポル、サヴァイル、マヌア、オロセガというマノノの島々になった。

（「世界神話大図鑑」）

原始的なものから人間が出来あがり、神に助けられて進化するという神話はポリネシア西部の特徴のようだ。

タンガロアの使いである鳥のトゥリは、むき出しの大地を覆い、日陰を作るために地を這う蔓をくわえて地上に舞い降りた。まずその蔓が広がり、それはしおれて腐敗し、形のはっきりしない動き続けるウジの群れが現われた。タンガロアはそれらを手にとって、人間の形にした。それらをまっすぐにし、手足と顔を付けた。タンガロアがそれぞれに心臓と魂を与えたので生命が宿った。

（「ポリネシア神話」青土社）

創造主であるタンガロアもポリネシアの周辺部では大洋や漁師の神となり、ハワイの伝承ではカネとカナロアと呼ばれて、カヒキ（タヒチ）からやって来たと伝えられている。「男」を意味するカネは偉大な仕事を行い、女も創造している。この「生命を吹き込む特質」は、神話では「生命の水カネ」と呼ばれ、特にカヌーを作る大工はカネの加護を祈願するのだ。

この世を創造したハワイの四大神の中で、カオスの中に最初に存在していたのはカネ(Kane=Tane)である。その後、光が差すと海の神カナロア、戦の神クー、豊穣と平和の神ロノが現れ出てきたのだ。

女が男から造られたと伝えている神話はタンガロアに限ったことではなく、たとえば 旧約聖書「創世記」も同様である。

主なる神は人から取ったあばら骨でひとりの女を造り、人のところへ連れて来られた。そのとき、人は言った。
「これこそ、ついにわたしの骨の骨。
わたしの肉の肉。
男から取ったものだから、
これを女と名づけよう」(第一章二一～二三節)

日本神話では、黄泉国の醜い化け物たちから逃れて無事葦原中国に戻った伊邪那岐命《イザナギノミコト》が、禊をした時に三柱の神々が生まれてくる。

(イザナギが)左の眼を洗った時に生まれた神の名は、天照大神。次に右の眼を洗った時に生まれた神の名は、月読命。次に鼻を洗った時に生まれた神の名は、建速須佐之男命。

（山本健吉「古事記」河出書房）

ギリシャ神話の神ゼウスは、人類に火を与えたプロメテウスに対する復讐のために、「災い」としてヘーパイストスに人類最初の女パンドラを泥から造るようにと命じている。

その貌は不死の女神に似通わせ、美しい乙女の姿にこしらえ上げさせた。それからアテーナ女神が、それに銀白の衣を装わせ帯をつけ、頭の上から眼もあやに刺繍をした面帕をひろげ垂らせた。頭にはまた金の冠を被らせた、それはヘーパイストスが自身で父神への贈物としてたくみ上げたものであった。また金色の女神アプロディーテーが彼女に、ろうたけた雅と、悩ましい憧憬と、四肢を疲らせる物思いとを与えれば、お使い神ヘルメースは、犬のように恥知らずな心と、ずるっこい気質とを吹きこんだのであった。

（呉茂一「ギリシャ神話」新潮社）

更に、ゼウスは戦の女神であるアテーナを自ら生みだしている。ゼウスは、自分とメティスの間に生まれてくる男の子に王座を奪われるとの予言があったため、メティスを呑み込んでしまったのだ。メティスは身籠っており、月満ちた時にゼウスがヘーパイストスに自分の頭を斧で割らせてみると、完全武装したアテーナが飛び出してきた。

ゲルマン神話の場合、人間は海辺を散策していた神々によって二本の木から造られている。

一本はトネリコで、もう一本はニレの木でした。そこでボルの息子たちは、その木を起こして、それで最初の男と女を作りました。オーディンは魂を吹き込み、ヴィリは鋭い知力と感じやすい心を与え、ヴェーは聴覚や視覚の贈り物を授けることにしました。

（クロスリーホランド「北欧神話物語」青土社）

ここで最初の巨人イミールは、固い氷に南から吹いてきた熱い大気がぶつかってできた生暖かい滴から人間の形となって生まれ出てくる。以前私は、無から有が生まれてくるこのような神話を全く架空の話と思っていたのだが、しかし良く考えてみれば海の水だって宇宙のどこかにその起源があるのだから、氷の中に小さな生命が宿っていてもおかしくないではないか。

さて、イミールこそあらゆる生物の最初の存在であり、すべての巨人たちの父なのだ。次に、眠っていた彼の左腕の下から巨人の男女が一人づつ生まれ、同じ頃これら巨人の養い親となる牝牛アウドムラも氷の中から生まれてくる。後に生まれた三兄弟、すなわち、オーディン、ヴィリ、ヴェーの神々はすべての巨人に戦いを挑み、彼らを滅ぼし、老いたイミールをも殺してしまう。更にオーディンたちはイミールの頭蓋骨を高く持ち上げて天を創り、炎の国(ムスペルヘイム)から飛んでくる火花を集めて、太陽と月としたのである。その後、イミールのバラバラになった身体は大地や海や湖となり骨は山々になったというが、身体が腐るにしたがって蛆のようなものがゾロゾロと肉の中から這い出してくる。これが小人たちなのであった。

ゲルマン神話にしろポリネシア神話にしろ，蛆の中から人間や小人が生まれてくるという話はとても面白い。実際人間だって母体から血にまみれて出てくるわけで、他の哺乳類と何ら変わりはないのだ。日本神話でも鉱山を司る金山毘古神《かなやまびこのかみ》や金山毘売神《かなやまびめのかみ》は伊邪那美命《いざなみのみこと》が吐いたものから生まれたのだし、更に糞からは肥料を司る波邇夜須毘古神《はにやすびこのかみ》と波邇夜須毘売神《はにやすびめのかみ》が、尿からは耕地の水を司る弥都波能売神《みつはのめのかみ》が生まれてきたのだ。こうした神々は多く食物に関連している。

ハワイ神話では自然を支配する三人(三柱)の神、カネ(Kane)、クー(Ku)、ロノ(Lono)が三層の天空を創っている。カネは宇宙と地上の創造神、クーは海山と同時に戦の神であり、ロノは雲や雷や虹として現われる農耕神である。

トゥはタヒチ、ツアモツ、ラロトンガで、ハワイでは「クー」の名で知られている。マオリ族の国では、トゥはその兄弟である地上の神タネ、タンガロア、ハウミア、そしてロンゴに背き、彼らの子孫を食べつくしたという言い伝えがある。このようにして、彼が人間を表し、兄弟が、人間が生きて行くために依存する動物や植物を示すことで、トゥはその後の世界の型を作ったといえる。トゥはその闘争的な性格から、戦争の神とされる。人間が現在戦争をするのは、トゥが人間たちの創生に当たって戦争を起こしたからである。戦士たちは戦闘において自分の身が守られるように、歌やハカという戦争の踊りをトゥに捧げる。最初に殺した敵の遺体はトゥに捧げられる。

（『世界神話大図鑑』東洋書林）

カナロアは海（つまり漁業や航海）の神なのだが、ハワイではカネが創造神となっているせいか、ポリネシア一帯のタンガロアに較べると活躍の場は極端に少ない。そのためかどうか、ハワイ神話のカナロアは生命と水をつかさどるカネと行動をともにして、その存在感は他に較べると薄いと言わざるを得ない。二柱の神がハワイ中を旅して泉を発見する多くの話が残っている。たとえばカウアイ島のワイカナロア洞窟はカナロアが掘ったものだというが、これなど神話というよりは、むしろ伝説というべきものだろう。カネが槍で岩を穿つと溶岩の下から清水が湧き出たといういくつかのエピソードも、弘法大師が杖を突いて泉を湧き出させて池を作ったという日本各地に伝わる弘法水伝承を彷彿とさせる。

ゲルマン神話で、オーディンをはじめとした神々が巨人イミールを殺して天地創造をしたのに対して、ハワイ神話の場合、その役割を担うのはカネが海の中から拾い上げた大きなひょうたんである。その半分を投げ上げて空とし、残りの半分が大地になったという。そして次にそれらの欠片から太陽と月、星々が生まれてきたというのだが、スケールの大きなゲルマン神話に較べると、こちらはなんと素朴で、心が癒される穏やかな展開であることだろう。人間を土から作ったのもカネで、クーと共に鼻に息を吹き入れ、ロノが口に息を入れると人間が動き出したのである。古代シュメールやバビロニア神話によれば、神々は辛い仕事を肩代わりさせるために、人間を神の血から作りだしたのだ。「人間たちは運河を掘ったり、土地を分けて鋤で掘ったり、籠を持って収穫をしたり、神々の住まいを建てたりしてくれるでしょう」(「メソポタミアの神話」筑摩書房)という訳だ。それにしてもこの発想は、辛い仕事をロボットにやらせようとしている現代人と全く変わりがない。何年経っても、人類は(神様と)同じ事を繰りかえしている訳だ。ゲルマン神話の場合、神々は巨人族と戦うための兵力として人間を作り出した節がある。

人間が土から作られたというハワイ神話は、やはり旧約聖書の影響が大きいのだろう。「主なる神は土のちりで人を造り、命の息をその鼻に吹きいれられた。そこで人は生きた者となった」(「創世記」第二章七節)。一八世紀以降のハワイは、キャプテン・クックをはじめとするヨーロッパ人との交流の影響が次第に大きくなってくる。イギリスの探検家ジェームス・クック船長が、ヨーロッパ人として初めてハワイにやって来たのは一七七八年で、タヒチの習慣や伝統、信仰等について最初に説明を試みたヨーロッパ人は、彼の同行者であったジョセフ・バンクスという人物であった。彼は英雄マウイの像を見たりはしたものの、詳しい説明を理解できなかったことを悔やんでいる。同年にロンドン伝道協会の船ダフ号がソサエティ諸島に到着してキリスト教は徐々に浸透し始め、ハワイ諸島まで伝えられるのは既に時間の問題であった。文字を持たぬハワイ人たちの間で、次第に聖書と元来の神話との混淆が起きたとしても不思議ではない。

ポリネシア人はまた急速に読み書きを習い、十九世紀の半ばから自分たちの伝統を記録し始めた。何人かのハワイ島民は、その大部分がディプル尊師のラハイラルナ学校の生徒であったが、自分たちの言語で書かれた新聞の中で、彼らの神々や英雄たちの行動がモデルである多くのロマンティックな物語を発行し始めた。さらに重要であるのは、カラカウア王が自分の祖先の系譜の記録である「クムリポ誕生の創世歌」を書き記したことである。（「オセアニア神話」）

文字や聖書はキャプテン・クックがハワイへもたらした素晴しい文化遺産ではあったが、その一方で彼はまた物凄い負の遺産も運んできた。彼の船員たちが持ち込んできたのは、梅毒やハンセン病などの病原菌で、免疫のなかったハワイ人たちはみるまに感染して死亡していったのである。

キャプテン・クックの乗組員は、客人へのもてなしとして、ハワイ人たちが妻や娘を一夜の楽しみに差し出すのを喜んで受けた。それ以来、捕鯨船などがハワイに寄港するたびに「性の饗宴」がくりひろげられ、性欲を罪とするキリスト教文化とは異質の島を、男たちは「地上の楽園」と呼んだ。（ハロラン芙美子「ホノルルからの手紙」中公新書）

J・ダイアモンドの次のような記述もある。

ハワイ諸島では、一七七九年にクック船長とともに梅毒、淋病、結核、インフルエンザが上陸した。それにつづいて、一八〇四年には腸チフスが流行した。そして、伝染病のちょっとした流行がつぎからつぎへとつづき、その結果、一七七九年に五〇万人あったハワイの人口は、一八五三年には八万四〇〇〇人に激減してしまった。さらに、天然痘がハワイを見舞ったときには、残りの人口のうちの約一万人が犠牲になっている。

（「銃・病原菌・鉄」草思社）

クックはハワイに来た時、彼をロノ神の再来と勘違いした島民たちに大歓迎されたのだったが、その理由は、クックの船の白い帆がロノ神像に垂らす白い布に酷似していたからだと言われている。ロノは、その昔、美しい妻の不貞を疑って殺してしまった後、悔悟の念に苛まれて、人々に豊かな実りを約束してカヒキへと旅立ってしまった。マカヒキとはロノが亡き妻を祀るために始めた祭なのである。しかし島民たちのクックに対する友好的であった期間は短く、クックは結局、四人の水兵と共に殺されてしまうのである。

ハワイ人たちは、船員の一人が死亡したのを知って、本当にクックがロノ神であるのか疑いを抱き、また古代宗教の神殿の棚や、木でできた偶像を、船員らが燃料用に持ち去ったことで感情を著しく害していたのである。（中略）ハワイ人の習慣に従って、クックの死体は断崖の埋葬地に運ばれ、肉は骨から取り除かれ、焼却された。クックの骨は、赤の羽毛で結びつけられて、ロノ神殿に埋葬され、その一部はクックの部下たちに手渡された。

（中嶋由美子「ハワイ・さまよえる楽園」東京書籍株式会社）

クックの最後を目撃したという島民の五十年後の証言がある。ボートを盗まれたクックが王や王妃と海辺を歩いていた時のことだ。

「湾の向こうから男が走ってきて、息も切れぎれに人の輪の中に飛び込むと大声で言った。『戦争だ！　異国人が戦いをしかけてきた。船からカヌーに発砲して首長を一人殺した』……クックは動揺した様子で自分の船に向かったが、そのとき島民の一人が槍で船長を襲った。クックはふり返り、その男を二連式銃で撃った。……［クックが］何か言おうとしてもう一度こちらを向いたとき、パホアで背中を刺された。同時に槍が彼の体を貫いた、彼は水のなかに倒れ、もう口を開くことはなかった」（スザンナ・ムーア「神々のハワイ」早川書房）。

この時、ボートが盗まれた理由は、ハワイ人たちが釣り針を作るために舟板を固定する釘が欲しかったからだという。

コナ

ウエンディーズはちょうどいいボリュームで軽快な曲を流していた。

薄曇の午後。家族三人で近くのホテルに滞在したのはもう三年も前のこと。時間とはまさに魔法だ。

機内では、まあよく眠ったほうかもしれない。午後九時の遅い晩飯の後、顔を洗ってうとうとしているうちに眠り込み、目覚めた時は午前二時過ぎだったから、少なくとも四時間以上は眠ったわけだ。

ホノルルまでの七時間は、長いのか短いのかわからない時間。それから三十分ほどでハワイ島コナに着く。空港で借りたポンティアックのレンタカーでまっすぐホテルを探しに向かう。浜辺近くに立つ小さなコンドミニアムは電話予約しなければならず、面倒なので別のところを探すことにした。やはり海のすぐ前にあった可愛らしいホテルは、玄関のパンフレットを見ると二五〇ドルの室料でここもパス。仕方がないので道を戻り、中心部にある一泊五九ドルのホテルに落ち着く。日本で予約するより三〇ドルも安かった。

昨夜、ビール、ワインそして水を飲みすぎたせいで十二時頃トイレに起きた。寝たのは十時頃だったろうか。もっと早く寝たかったけれど、洗濯したりシャワーを浴びたりと時間をとられてしまった。深夜にどこかの部屋のシャワー音が少しうるさかったものの、目覚めはしなかった。

うとうとまどろみ出したのは七時過ぎ。CNNのニュースをつける。九時間以上は寝ているはずなのに、まだ眠たい。もっと早く起きて海辺を散歩したかったのに、身体が言うことを聞いてくれなかった。

サウス・ポイント付近

サウス・ポイントまでドライブ。あまり知られてはいないけれど、ここがアメリカの最南端なのである。真っ青な海とライトブルーの空の対照が鮮やかだ。牧場と荒地、そして遠くに風力発電の風車。ところどころに黒い牛の群れ。自分以外には誰もいない空間。

道は緩やかなアップダウンを繰り返しながら、海へ向かって下っていた。風力発電の大きな風車を、私は津軽半島や新疆ウィグル、デンマーク等で数多く見たけれど、それらの土地はいずれも、ほとんど休むことなく風が吹いている地形なのであった。オランダから北ドイツにかけて点在する古い風車も、元々海からの西風が強い地方で、人々が絶えず吹き荒れる風を何かに利用することが出来ないかと考えたのも当然であったろう。シンプルな形の新しい風車は、遠くからはまるで玩具の扇風機のように見えていたのだが、近づいてみると、それはとてつもなく大きかった。草原と空と海しかない広い場所では、較べるものがないので、物の大きさはよくわからない。

風が強く、遮るものが何もないので髪がばさばさになる。小便をしたら、下からの風にあおられて、飛沫が顔にかかってしまった。絶えず吹き渡る強風のせいで、木々は全て風向き方向に傾いて茂っている。

マーク・トウェイン・スクエアのカフェでハムサンドと珈琲を注文。四・九五ドルで出てきたサンドイッチはあまりにも大きくてとても一度では食べきれず、二つに切ってある半分は夕方食べる事にした。持ち帰りたいと言うと、中年の女性がラップで皿ごと包んでくれた。この国の食い物はなんともボリュームが違う。多少まずくとも、量が少ないうえに値段ばかり高い日本よりはずっと良心的かもしれない。昨日買ったガムでさえ日本の倍の厚さで十八枚も入って値段も安かった。外のテラスでコナ珈琲を飲む。風にあたりながらのんびり葉巻をふかしていると、とてもゆったりした気分になれる。合歓の木のような大木がさわさわと風にそよぐ。さっきまでの青空はどこへやら、急に曇ってきた。遠くに飛行機の飛び去っていく音。風に漂う二匹の蝶。望んでいたのはこんなひと時だ。

ガイドブックによれば、この大木にはモンキー・ポットという妙な名前がついており、一八六六年この島にやって来たマーク・トウェインによって植えられたらしい。しかし、近年の暴風雨で倒れ、現在のは同じ根から出た新しい樹だという。サンフランシスコから船に乗り込んだ三十歳のトウェインは当時新聞社特派員という肩書を持っていたのだが、彼を援助してハワイへの旅を可能にしたのは、「サクラメント・ユニオン」というカリフォルニアの新聞社であった。

マーク・トウェイン・スクエア

同紙経営者のジェームズ・アンソニイ、ヘンリー・W・ラーキン、ポール・モリルは、トウェインが毎週ホノルルから手紙形式で書く原稿を一回二十ドルで二十回から三十回まで買うと約束した。トウェインによれば「彼らにはそんな原稿はまったく必要ではなかったのだが、毎週二十ドルの出費ぐらいはできたから」だった。

（「ホノルルからの手紙」ハロラン芙美子）

子供の頃によく読んだ「トム・ソーヤ」と「ハックルベリー・フィン」。どちらかというと私は、全くのガキでやんちゃ坊主のトムよりハックの方がどことなく陰のようなものがあって好きだった。彼が黒人といかだに乗ってミシシッピー河を下っていくのは、水の流れと彼の成長とをオーバーラップさせた文字通りの大河小説といえよう。

数年前、オタワの友人の案内で、アッパー・カナダヴィレッジというわゆるカナダの明治村のようなところへ行った時のこと、あるイギリス人探検家が昔アメリカ大陸東岸のハドソン湾から船でセント・ローレンス河を遡り、オンタリオ湖に入ったというパネルが展示してあったのを思い出した。結局、探検家は五大湖の旅を続け、最後は五大湖から流れ出る河に出て、その後ミシシッピー河を下ってメキシコ湾まで到達したのであった。つまり彼は、ハドソン湾からメキシコ湾まで船で航行することができることを発見したのである。

マーク・トウェイン・カフェで買ったアンパンは日本の倍の大きさで、一個食べただけでもう腹はいっぱい。帰りは途中にあるカフェーで珈琲を買っていこうなどと考えていたら、向かいがわに座っていた二人の中年男たちが、同時に大きなゲップをした。

様々な国を旅したトウェインにとって、ハワイは特にお気に入りの国(当時)だったようだ。一八九四年に彼が書いたハワイ賛歌の散文詩を引用しておこう。

見知らぬ土地であの地ほど、わたしを深く強く魅了する場所は世界のどこにもない。あの地ほど、わたしの半生で寝ても覚めても、焦がれてすがるようにつきまとう場所はない。なにもかもがわたしから離れていくのに、あの地は離れない。なにもかもが変わっていくのに、あの地は変わらない。わたしにとって、吹く風はいつもさわやかで、夏の海は太陽の光に輝いている。規則正しく打つ波の音が耳に響く。花で飾られた岩山、勢いよく流れ落ちる滝、海岸でもっさりと揺れる羽のような椰子の葉、ちぎれ雲から島のように顔をのぞかせる遥かな山の頂が目に浮かぶ。森にひっそりと棲む精霊を感じる。小川のせせらぎが聞こえる。二十年前に絶滅した花々の香りが、私の鼻孔にいまも残って息づいている。

(Douglas Boswell,ed.,All about Hawaii: スザンナ・ムーア「神々のハワイ」桃井緑美子訳、早川書房)

タッチの差で、Aカフェーベランダの一番見晴らしのいい席を取られてしまった。初老のカップルで、男は白いものが混じった濃いひげを生やしている。

珈琲を飲みながら葉巻をくゆらしている時、彼らが席を立ったのでこちらが場所を移ろうとすると、二人は別の遠いところにあるテーブルに座りなおしている。「どうしたの?」と聞けば、女性が「煙草は苦手なの」と言う。「それじゃあ、すぐに消しますよ。前の席に戻ったらどうです?」ちょっと勿体無かったけれど、火を消すと彼らは「サンキュウー」とまた前の席に戻った。男は「実は僕は大の葉巻ファンなんだけどね」とこちらにウインクしながら言うのだった。

海と空に広がる薄青いヴェールの中で、水平線がぼんやりと霞んでいる。しばらくすると初老のカップルは「サンキュウー・アゲイン」と言って帰っていった。スピーカーからは軽快なハワイアンソングが流れ、時折風鈴が風に揺れる。私は再び葉巻に火をつけた。考えてみれば、こちらが煙草を吸っている時、「やめてくれませんか?」と言わずに黙って席をかえるのは、ここがハワイだからか。この春に行ったドイツでは、嫌な時にはすぐこちらにやめてくれるよう要求してくる人が多かった。こうした国民性の大きな違いはどこから来るのだろう。(当時はまだ嫌煙権という言葉もなかった。その後、私は煙草をやめた。マーク・トウェインの言葉を思い出す。「禁煙なんて簡単だ。俺は何度もやったことがある」)。

夜、テレビでリズミカルなハワイのフォークソングをやっていた。長い髪の女性が透き通るように美しい声で歌うハワイアン・ホット・ナイト。老けた小錦みたいな感じの太った男のギターもなかなかよかった。テレビでは明日の晩、故ダイアナ妃の特集番組を組むとの宣伝をさかんに流している。

キラウエア火山

ボルケーノ国立公園は場所によって入場料が十ドル、二十ドル、五十ドルと、地点によって細かく分かれていた。ゲートで金を払おうとすると、係りの女性が「今日は無料になっていますよ」とのこと。すごく儲かった気分だ。

あまり腹も減っていなかったけれど、セルフサービス・カウンターでチリとミルクを買い、テラスで食べる。団体さんが多く、髪を虹色に染めた黒人のおばさんは、私の前を何度も行ったり来たりしていた。彼女の太った体つきは、まるで巨大な卵に頭を載せたようである。

ボルケーノ・アートセンターのギャラリーで、娘に頼まれていた犬をデザインした壁飾りを買う。以前に別の壁飾りを買ったとき、彼女は犬のそれも覚えていたらしい。一三四ドルと結構な値段の買い物だった。レジの女性が「犬がお好きなのね」と言うので、「特に娘がね」と答える。日本まで持ち帰るのだと言うと、彼女はそれを壊れないように厚手のダンボールにしっかりと固定して、大きな袋に入れてくれた。

去年は時間がなくて行かなかったチェーン・オブ・クレーターズ・ロード(The Chain of Craters Road)へドライブ。霧が出てきたと思っていたら急に土砂降り、そして小雨またまた晴れと、お天気はめまぐるしく変化した。カウアイ島ではこんな小雨の後の晴れ間には、谷間によく虹がかかってレインボーアイランドと呼ばれることに納得したものだったけれど、同じハワイ諸島でもこちらのハワイ島は、虹の発生率はだいぶ低い。ハワイ人にとって虹とは、あの世とこの世とを結びつける架け橋なのである。

途中いくつものクレーターがあり、それぞれ一九六九年，一九七二年、一九七九年に噴火、という小さな看板が立てられていた。一二〇〇メートル付近から海岸まで三十分ほどで一気に下っていくと、終点は溶岩で道が塞がれ、二人の警備員が「ここから先は水筒がないと大変ですよ」と教えてくれる。遥か遠くに真っ白い水蒸気が高く立ち上っていた。

車を止めて三十分ほど黒い溶岩の上を歩いていくと、ひび割れていたり、皺になっていたり、大きく地割れがしていたり、自然の力の大きさをまざまざと見せつけられる感じがした。歩いているうち、次第に靴底から足の裏に大地の熱がじわじわと伝わってくる。紺碧の海上に浮かぶ巨大な白い雲は鯨の形をしていた。しばらくしてボルケーノ・ハウスへ戻っていく途中から、急にまた土砂降りになり、降ったり止んだり雨はずっとヒロまで続いた。

一面黒い皺だらけの溶岩の上を歩いていると、昔の人々がこれら全てが火の神ペレの力によって出来上がったと考えたのもわかるような気がする。大自然の猛威の前で、人間など本当に無力なものだ。

キラウエア火山

伝説によると、わがままな女神ペレは元々タヒチに住んでいたのだが、姉である海の女神ナマカとの確執から、カヌーでハワイのカウアイ島までやって来たのである。ペレは魔法の棒で穴を掘っ

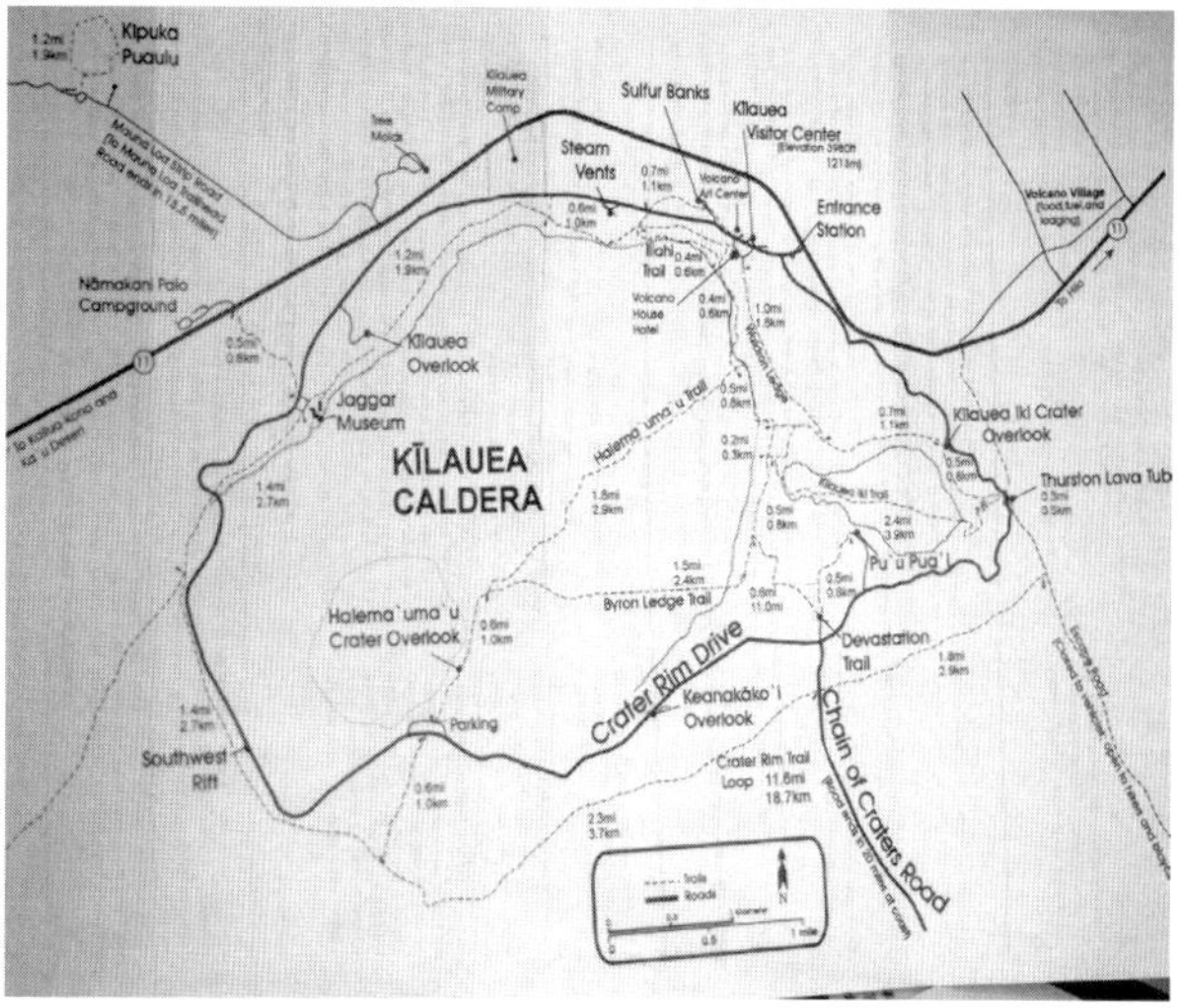

キラウエア火山地図

て火をつけたものの、すぐにナマカに見つけられ、海水で火を消されてしまう。ペレは隣のオアフ島へ逃げ、そこもナマカに見つかると次にマウイ島へ、そして最後にハワイ島のキラウエア山に辿り着いた。海岸から遠いその場所へは海の女神ナマカの力も届かず、ペレはやっとここに安住の地を見出したのだという。

伝説の粗筋はこんな風だが、一説によればペレは姉ナマカの夫を寝取って追い出されたとも、洪水により押し流されたともいわれている。姉の夫を寝取って追われる女神とは何とも人間臭く、これならペレが必死に姉から逃げなければならぬ理由もわかってこようというものだ。

私などすぐに、ギリシャ神話で夫を裏切って浮気をする女神アプロディーテー(ヴィーナス)を連想してしまう。彼女はヘーパイストスと結婚するとすぐに軍神アレスと密通を重ね、多くの子供まで産んでしまったのだ。怒ったヘーパイストスが、二人が裸でベッドインしている時、上から目に見えない大きな網を落として捕らえ、他の男神たちを呼んで笑いものにした話はギリシャ神話の中でも滑稽で、またエロティックな場面である。この後、解放されたアプロディーテーは、たちまち恥じて逃げ出していくのではあるが、しかし彼女はアレスだけに止まらず、その他多くの男神たちとも交わっている。ヘーパイストスは、シチリア島のエトナ山やポンペイ近郊のヴェスヴィオス山など火山のある地域で礼拝された火の神であり、活火山の炎の女神であるペレとそっくりなのが興味深い。

偉大なフラの歌に語られたペレの航海を、N・B・エマーソンが訳している。

カヒキ(タヒチ)からその女ペレはやって来た。
　ポラポラ(ボラボラ島)の地より
　カネの赤い雲より
　天空にたなびく雲より
　カヒキのぎらぎら光る雲の柱より
ハワイへの熱い思いがペレをかき立てた。
　ペレはカヌーを削り出す、ホヌア・イア・ケア、
　貴女のカヌーは、嗚呼、カモホアリイ、
　みなは完成に向け、仕事を急ぐ、
　神のカヌーにむちがあてられ、

カネのカヌー、カネは世界の創造主。

（「オセアニア神話」青土社）

フラ(hula)とは元々神々に捧げるダンスで、古典的スタイルはカヒコ、新しいスタイルはアウアナと呼ばれ、観光客の前などで踊ってはいけない神聖なフラが沢山あるという。フラはダンスを意味しているので、フラ・ダンスと言うと実は同語反復だから、最近は昔のように単にフラと呼ばれるようになっている。ハワイのフラの一座は芸人であるだけではなく、ロノ神を祭る公式の儀礼で宗教的な役割も果たしていたという。原生林の女神ラカはロノ神の妹で、フラ一座の保護者である。

訓練は厳しく、普段からタブーに囲まれている。若い志願者たちはその美しさ、優雅さ、機知並びに生きいきとした想像力によって選ばれる。エリス神父は華麗ないでたちの若いフラの一員をこう描写している。「彼の漆黒色の髪は結ばれずに垂れ下がり長い巻毛が風にたなびいている――首飾りはきれいに編まれた人間の髪の毛をたくさん組み合わせた物で――クジラの歯でできた装身具が胸の位置でそれにぶら下がっており、手首は磨かれたブタの牙で作られた腕輪で飾られ、足首はイヌの歯の編み上げブーツで飾られ、踊りの最中にはそのガラガラいう音がヒョウタン製の太鼓の音と拍子を合わせる。美しい黄色のタパ布が腰の回りに粋に巻きつけられ、膝にまで届いている。」

（「オセアニア神話」青土社）

やまと言葉同様、古代のハワイには文字がなかったので詳しい記録がなく、フラは恐らくタヒチあたりから伝えられたのだろうということ以外はよくわからないのだ。手の動きや足の動き、それに表情などで感情を表現するのがフラの真髄だという。

詩が表現しているのはもっぱら自然への讃歌である。あるいは自然と言う形で存在する神々への讃歌。ハワイイの土地には、たとえ社会制度がどう変わろうとも、神々が生きている。彼らを楽しませるために人間は踊る。だから、踊りは厳密で、間違いは許されない。かつてタブー制度がきちんとしていた時代には、踊りを間違えた者が死をもって罰されたことさえあったという。ここでは踊りは暇つぶしや遊びではなく、宗教的な意味を帯びた大事な行いだった。

（池澤夏樹「ハワイイ紀行」新潮社）

洪水神話

女神ペレは大空の南の果てにあるハパクエラ(hapakuela)という国に住んでいたという類話もある。

ペレはある若者と結婚したのだが、しばらくすると彼は彼女を捨てて別の乙女とどこかへ行ってしまった。悲しんだペレは、夫を捜すべくあてない旅に出る。面白いのはこの時、両親が彼女に「何かのためになるかもしれない」と言って、「海」を与えたことである。ペレは海を自分の頭に載せてハワイへと行き、まだ海というものがなかったそのあたりの荒野は、彼女の頭の海からしたたる大水のおかげで、ハレアカラやマウナ・ケア、マウナ・ロアといった高い山の頂以外は埋没してしまった。今日のようにいろんな島が現れたのは、しばらくして水が引いた後のことだという。ハワイ・ネイに着いたペレはまずカウアイ島に住み、やがてモロカイ島のカウハコの噴火口、そしてプウライナ、最後にハワイ島キラウエアに噴火口を作って長く留まったのであった。

この神話はペレを捨てた夫がその後どうなったのか、ペレは結局夫と再会したのかしなかったのか等々の結末がわからず、中途半端で終わっている。しかし女神ペレの移り住んだ島の順序はハワイの火山活動と一致しており、こうしたことを説明する一種の推原論的神話(aetiologica myth)と言うべきものである(T.G.Thrum: Hawaiian Folk Tales)。要するにペレは一番西にある島から、東のハワイ島まで順番に移動していったのである。そしてこれは、ハワイの火山活動が西から東へ徐々に活動を停止していったことと重なっている。

海を頭に載せてハワイへやって来たペレのおかげで、高い山以外すべて埋没してしまったというのも、恐らく昔起こった大洪水という事実が伝説化したと考えられるのではあるまいか。様々な調査によって、遥かな昔に信じられないような規模の洪水があったことが裏付けられており、有名な「ノアの箱舟」によれば、このときの雨は四十日四十夜降り続けたのだ。

洪水は四十日のあいだ地上にあった。水が増して箱舟を浮かべたので、箱舟は地から高く上がった。また水がみなぎり、地に増したので、箱舟は水のおもてに漂った。水はまた、ますます地にみなぎり、天の下の高い山々は皆おおわれた。水はその上、さらに十五キュビットみなぎって、山々は全くおおわれた。地の上に動くすべて肉なるものは、鳥も家畜も獣も、地に群がるすべての這うものも、すべての人もみな滅びた。すなわち鼻に命の息のあるすべてのもの、陸にいたすべてのものは死んだ。地のおもてにいたすべての生き物は、人も家畜も、這うものも、空の鳥もみな地からぬぐい去られて、ただノアと、彼と共に箱舟にいたものだけが残った。

水は百五十日のあいだ地上にみなぎった。(「創世記」第七章一七―二四章)

聖書のこの洪水物語には、実は更に古い原型がある。それは「ギルガメシュ叙事詩」のウトナピシュティム(「生命を見た者」の意)で、彼こそは大洪水に生き残った聖書のノアに当たる人物なのである。一八七二年に発見された古代アッシリアの粘土板を大英博物館で調べていた遺物修理員ジョージ・スミスは、意外な発見をした。彼は六つの欄を持った奇妙な書板を見出したのである。

「~その第三欄を見ていると、私の眼は、船がニシルの山に停まったという記述に捕えられた。それには、鳩をはなしたこと、それが立止まるところもないのでもどって来たという話がつづいていた。私はすぐさま、ここに〈大洪水〉のカルデア版の少なくとも一部分を発見したことを見てとった」

六日［と六晩］にわたって
風と洪水がおしよせ
台風が国土を荒らした
七日目がやって来ると
洪水の嵐は戦い［に負けた］
それは軍隊の打合いのような戦いだった
海は静まり、風はおさまり
洪水は引いた

（「ギルガメシュ叙事詩」矢島文夫、ちくま学芸文庫）

［世界の洪水神話についての解説は「世界神話事典」（角川書店、平成六年）「洪水神話」（大林太良）に詳しい］

ハワイ諸島の女性と結婚したスウェーデン人エイブラハム・フォルナンダーという判事は、収集したポリネシアに関する膨大な史料に基づいて、難破船の生存者がハワイ人に大きな影響を及ぼしたのではないかと述べている。確かに、天地創造、エデンの園、ノアの箱舟等々、ハワイ神話の一部は驚くほど旧約聖書に似ているではないか。

「一部の難破船の生存者は……聖書の断片的な話を（ハワイの）人々の言伝えの一部にしてしまうほどの大きな影響力をふるった……もう一つの説は……離散したユダヤ人の集団が直接この諸島にきたか、〝ポリネシア人家族が〟離郷する前のマレー諸島にやってきて、その教義や祖先の生活、固有の慣習について伝えたというものである……それらは資料や前世代の人々によってヘブライ人だけでなく、カルディア人やポリネシア人などにも伝えられたが、それについては歴史が失われているのだ」（Thos.G.Thrum,comp.,Hawaiian Folk Tales スザンナ・ムーア「神々のハワイ」早川書房）

ポリネシアにもハワイにも様々な内容の洪水神話がある。海に囲まれた小さな島に住む人々にとって、日々の海の状況はそれこそ命にかかわる大問題であっただろう。

（ソシエテ群島）

昔、一人の漁師が釣針をよりによって海底の神ルアハクの髪の毛に引っかけてしまう。大物がかかったと喜んで獲物を引き上げようとした漁師は、怒り狂って海上に姿を現した海の神に殺されそうになった。ひたすら謝り続ける漁師に機嫌をなおした神は、「お前だけは許してやろう。しかしこんなことがあるのではたまらんから、世界中の奴らを殺してやろう。お前は一人の友人、一匹の豚と犬、つがいの鶏を連れて小島に逃げていろ」と言った。

漁師が海の神に言われたとおりにしてから間もなく、海水は急激に高くもりあがり、生き物はみんなのみ込まれて死んでしまった。助かったのは、この漁師だけであったという。

（サモア島）

大洪水で人間たちは溺れ死んだのだったが、その時かろうじて二人だけが生き残っていた。懸命に泳ぎ回っている二人を天から見ていたタンガロア神は憐れみ、彼らを救ってやることにした。神に命じられた召使が海底に沈んでいたサモア島を釣針で引き上げ、死にかけていた二人は島に泳ぎ着いて助かった。

サモア諸島やトンガ、フィジーの創造神タンガロアは虚空に住み、あらゆるものを独りで造り出したとされている。

（ハワイ、モロカイ島）

モロカイ島のクパ（Kupa）王に仕えるカマロ（Kamalo）という坊主に、二人の腕白な男の子がいた。ある日のこと、この二人が王の館に忍び込んで神聖な太鼓を叩いていたところをクパ王に見つかり、その場ですぐに殺されてしまった。父カマロはその酷い仕打ちを恨んで、王への復讐を誓ったのだ。

カマロは一頭の黒豚を連れて、島の東に住むラニカウラ（Lanikaula）という魔法使いのところへと旅立ったのだが、「自分の力ではどうしようもない」と断られてしまう。

彼は、「西に住んでいる予言者カネアカマ(Kaneakama)なら何とかなるかもしれない」と教えてくれた。しかし結局彼も駄目で、「ひょっとすると、波打ち際にある奇妙な洞窟に住むカウフフ(Kauhuhu)という鮫の神に頼んだら良い」と言われる。

洞窟に隠れたカマロは、現われたカウフフに頭と肩を呑み込まれながらも、懸命にクパ王の残酷さを話し、連れてきた黒豚を捧げたのだ。すると鮫の神はいたくカマロを憐れんで、「では、王に復讐してやろう」と言ったのである。

「家に帰って神聖な垣を巡らし、白旗を立てよ。次に黒豚と赤い魚、白い鳥を集めて、わしの来るのを待て。小さな白雲が徐々に大きくなり、谷に虹が現われたら、わしが来たしるしじゃ」

カマロが大喜びでカウフフに言われた通りにして待っていると、ついにラナイ山の上に小さな白雲が立ち昇り、美しい虹が出たのだった。たちまち激しい風が吹いたかと思うと豪雨になり、大洪水となった。

クパ王や多くの家来たちは沢山の鮫に呑み込まれて、助かったのは神聖な生垣の中にいたカマロだけであった。

カイ・ア・カヒナリイ(カヒナリイの海)　ハワイの大洪水神話

時が経つにつれて、島々に男たちや女たちが移民してきました。

そこでは神々とその司祭たちに特別の場所が整えられていました。そして、残りはすべて王様と彼の首長のもので、一般の人々は苦しみながら彼らのお情けでその土地に住んでいたのです。そのためにだんだんと神々への礼拝はめったにされなくなり、神聖な場所は無知な農民たちによって侵略されてしまいました。物凄い大洪水が起こることになるのは、こうした罪によるものでした。洪水は人々の不信心のために彼らを滅ぼしたのです。それがどのように起こったかをお話しましょう。

カワイハエ海岸に住んでいた貧しい漁師が、干し魚をワイピオ渓谷で採れる栄養豊富な果物と交換したりして暮らしていました。夜明け前から夜遅くまでカヌーに乗ったまま彼は、重たい網や貝の釣り針で湾の海藻や珊瑚の間にいる獲物を採っていたのです。そして籠が魚でいっぱいになると、彼はゆっくり岸に向かって櫂を漕ぐのでした。でも、それらの獲物の大半は、岸辺で待ち構えている王様の家来たちが、自分たちの分け前だとして当然のように持ち去ってしまうのが常だったのですが。

こんな風に漁師は毎日毎日骨の折れる仕事をしていて、神々とその義務のことなどほとんど忘れておりました。あの大変な朝が来るまで……。

東に輝く星々が色褪せてきたある朝、彼は岸辺からお気に入りの場所へと船を出し、そこに着くとオロナという長い網を広げて、味の良いヤリイカの一切れを針に刺して海底へと沈めたのです。しかし、待てど暮らせど何の獲物もかかりません。腹を立てた彼は、大物がかからないかと力いっぱいグイと網を引き寄せたのでしたが、かかったのはリム limu と呼ばれる犬の歯のような珊瑚のかけらだけでした。海でのこんな嬉しくもない結果に、彼は海の神々を呪い、今度は別の針に前よりもっと丁寧に餌を付けて海に下しました。

やがてプウカプの山々の向こうに太陽が昇ってきた時、漁師は自分の不運に本当に腹を立ててカヌーの上に棒立ちとなると、海の中に住むあらゆる神々を冒涜し、神々が自分たちの住まいから出てきて俺の呪いを聞くようにと求めたのです。

すると、彼の求めに直ちに応答がありました。

彼のカヌーはグイと引っ張られて、危うく転覆しそうになり、全てプッリプッリ切れてしまった魚の網は海底に引きずり込まれてしまいました。海は泡立ち、突然イライラしたかのように大波が立ち始め、カヌーのすぐ横で二つに分かれた大波の中から、とてつもなく巨大な青い鮫が姿を現しました。その瞬間漁師には、それがあらゆるものを解き放つ偉大な海の支配者であることがわかったのです。激しく後悔した漁師は、自分の愚かさを許してくれるようにと心から願い、着物を全部脱ぐと神への捧げものとして海の中へ投げ込みました。同時に、永遠の敬意と服従を誓い、自分の罰当たりの罪の恐ろしい結果を許して下さるようにと願ったのです。

震えあがっている自分の生贄の周りを、鮫はゆっくりと泳いでいました。やがてカヌーのアウトリガーの横に来ると、のっぺりとした顔を出して次のように話し始めました。

「海は神々の故郷なのだ。枝を張る珊瑚の森の中に、我々の住まいがある。我々は暗い波の中で戯れ、そして嵐が海をうるさがらせたならなだめるのだ。島は人の住むところ、我々の神殿はそこにある。しかし、人は悪さをする。我々の祭壇は忘れ去られ、荒れ果てたままだ。マイレ(香りの良い蔦)の花輪は消え、我々の心の中の王冠であったハラhala(たこのきという植物)のリースは消えた。司祭を喜ばせていた魚の捧げものも消えた。我々の栄光と力を祝福していた一年ごとの生贄もない。我々の偉大な力に当然払われるべき畏敬の念も、既に消え失せた。ワケアの人々よ、呪われよ！　彼らはこれ以上ハワイの重荷となってはいけない。島もこれ以上残ることはないであろう。暗く青い海が永遠にすべてを覆ってうねるであろう」

漁師は海だけではなく、天地のあらゆる神々へさらに強く一心不乱に祈ったのでしたが、しかし何の効果もありませんでした。彼が罪から許されることはなかったのです。

しかしながら、必死に祈る漁師の様子を憐れんだ鮫は、彼の妻も一緒に島の一番高い山の頂上に行くならば、二人の生命を助けようと言ってくれたのでした。

「島にいる他の人々は、それからすぐ水に呑み込まれるであろう」

人類の運命をこのように言明すると、恐ろしい海の神は自分の王国がある深い海の底へと姿を消していきました。それにしても、慄き哀願していた漁師と　その妻には二人の身の安全を保障してくれたのです。

漁師は、カヌーを素早く、やがて不運に見舞われることになる岸辺へと戻しました。大慌てで白浜の上を飛ぶように自分の小屋へ戻ると妻に、「ぞっとする破滅が人々に降りかかるぞ」と知らせました。

「ああ、急ぎましょう」と妻は叫びました。

「そうだとも。遠くのマウナ・ケアへ急ごう。海はすぐにはその頂上へと来ることはできないだろうからね」と夫。

「だけど、マウナ・ロアの方がここからはもっと近いわよ。あそこへ行きましょう。長い道のりの途中で力尽きちゃ元も子もないわ」

「しかし、一番高い山こそ我々の避難場所じゃないといけない。海岸に近いこの山が、キラウエア火山の光り輝く溶岩池を見下ろすあの奥の山より高いなんてありうるだろうか」

「ええ、ありえないわね」と妻は応じました。

「いくら急だとはいっても、あの山腹を登ることはできるでしょう。ずっと続く坂道を登りましょう。水は、私たちがモクアウェオウェオ(真っ赤に燃えるような島)の小さな峡谷に到着しないうちに、疲れた身体に追いついてくるかもしれないけれど。太陽は朝、マウナ・ロアの上で雪を赤く染める前に、マウナ・ケアの頂上で長いこと輝くわ。空の明かりが一番早くやってくる避難場所へ急ぎましょう。たとえ死んでしまうとしても」

夫は納得して、二人は同時にマウナ・ケアの険しい側面を登り始め、一日中休みなく避難場所へと急ぎました。とがった石で足を怪我しないように細心の注意を払い、硬い針葉が身体に突き刺さることもありませんでした。いくつもの坂を超え、早い足取りでもたいへん長い道のりでした。

しかし、神々が力を与えてくれたのです。太陽が沈む前に彼らは山の一番高いところに立っていました。下に広がる美しい景色を見下ろした妻は、思わず涙を流しました。夕暮れの中で、島の海岸に沿って村々や木々の間から炎と煙が渦巻きとなって立ち上がってくるのを見たのです。

「ああ、私の故郷、ハワイの美しい島。あなたの麗しく幸せな日々はもう過ぎ去ってしまったのですね。素敵な海辺に輝く太陽を見ることは、もう二度とないでしょう。ワイピオの山々の上に再び優しい月が照ることもないでしょう。ああ、私の生まれた島、私の青春の故郷！　広大な海のうねりが私の目の前から、それらを隠してしまうのね。今、煙の立ち上っているところは全滅してしまうのでしょう。若者たちの声や笑い声、老人たちの喜びやフラ hula の歌、そして神々への礼拝も、島ではもう二度と聞こえてはこないでしょう。ああ、私の兄弟、姉妹たちも海の中で溺れ死んでしまうのでしょう。ハワイにはもう何もなくなってしまうのね。嵐の海が光を覆い隠し、夜の神々が自分たちの古代の支配力を再び取り戻すのだわ」

太陽が西の水平線近くに引き寄せられた時、黒い雲が海の上に立ち上ってゆっくり空中を流れ、風は凪いでいました。激しい洪水が地域全体を浸し、空はどんよりしていました。しかし、不思議な音が初めは微かにぼんやりと単調に響いて、だんだんと大きくなってきたのです。

広大な海が打ち寄せる波で白くなると、巨大な津波が島の岸辺に真っ逆さまに落ちて、全ての村々はあっという間に押し寄せる波にのまれてしまいました。雲の外から、大空を上へ下へ悠々と飛んでいる神々の凄まじい声が響き、はるか遠い山々の麓で火の女神ペレの雷がゴロゴロ音を立てると、地上の火は一休みするのでした。それから、高い空を貫いて竜巻が家々や木々や岩を揺さぶり、海の水は更なる大津波となって島の上へ押し寄せたのです。

ハワイの島々は全て壊滅してしまいました。マウイの峰々は沈み、苦い水がファアライとマウナ・ロアの上に溢れました。ああ、夜、取り残された山の頂上で目撃していた二人にとって、それはなんと恐ろしい光景であったことでしょう。

しかし、再び夜が明けて朝が来ると、大騒動は終わりを告げ、海はカワイハエの砂地の傍で穏やかに静まり返っていたのです。夫婦は一日中狭い山の上に座って、人々や動物たちの死体が潮流に流されていくのを見て、二晩にわたって大地をふいに襲った完璧なほどのその破壊力に慄いていました。海を覆っていた暗闇が次第に澄んでくると、恐怖に捉えられていた二人は、荒々しい神々に救助の手を差し伸べてくださるように願いました。

でも、九日の間昼も夜も彼らの祈りへの反応は何もありませんでした。それから二人は深い眠りに襲われ、十日目の朝に目覚めると、海は島から離れて、水平線ははるか遠くに隔てられていたのです。島の岸辺には、以前のように真っ青な波が打ち寄せていました。大地の美しさや素晴しさ、そして草も木々も消え失せたままではありましたが……。泡立っていた泉は腐った大量の魚で塞がれ、谷間も川もいたるところ塩水だらけでした。大地は、日の下で強い臭気を漂わせていたのです。

ああ、神々と人々に選ばれし場所に栄光あれ。慄きながら漁師とその妻は、ゆっくりと静かな坂道をワイアケア湾へと降りていきました。そこに彼らは神殿を立てて、神々に生贄を捧げたのです。

夫婦はその後何年もプウエオに住み、自分たちの子供たちとそのまた子供たちで島が再びいっぱいになるのを見ながら暮らしました。

これで、カイ・ア・カヒナリイの話はおしまいです。

(Kai-a-Kahinali Hawaiian Legend of the Deluge: More Hawaiian Folktales 拙訳)

ウルの犠牲　ヘンリー・M・ライマンによる

カヒナリイの大洪水が沈静化した後、大地には果物が実らず、住民たちは海からの魚や海藻、そしてリム limu と混ぜ合わせた一種の赤味を帯びた粘土以外に食べるものは何もありませんでした。洪水後の第二代王の治世中、ワイアケアに住んでいたウルという男に、モクオラという幼い息子がいました。この子は小さくて病弱でした。

自然には栄養のある食べ物がなく、両親は子供に粗末なものしかあげられないのを悲しんでおりました。

毎朝、父親は小さなカヌーを漕いで湾の静かな海で、網を引いていました。運が良ければ、愛する息子のために柔らかいボラやオーペル opelu(メアジ)がかかるかもしれないと思いながら。

夕方には優しい母親が男の子をカパ kapa の黄色いシートで包みました。

晩になって海風が冷たい山風にとってかわると、彼女は濡れた岩のところに下りて行って、子供の夕食の為にカサ貝やムール貝を探すのでした。

しかし、彼らの細心の注意にもかかわらず、モクオラは日ごとに痩せていったので、両親は子供は助からないのではないかと絶望してしまったのです。

ある日、ウルが妻に言いました。

「我々は息子のために何ができるというのだ。食べるものが何もないのだから、彼は死んでしまうだろう。我々のどちらかが死んだ方がましだ。もし我々が一人も子供を残さずに年老いてこの世を去ってしまうならば、生きてきたことが無駄になってしまうではないか。大洪水の前に、大地はすべての人の食料である豊富な果物をもたらしてくれたと祖先から聞いたことがないか。木々の種が洪水で失われてしまったのは間違いないのだ。今ではコア(koa：ハワイ原産の堅木)とレフア(lehua：オヒアの木の花)しか残っておらず、それらの花も風と雨の餌食になっている。私は死んでしまうだろうが、きっとカナロア神は同情して下さる。そして、我々の息子を死から救って下さるだろう」

妻が答えました。「きっとあなたのおっしゃる通りでしょう。でもあなたが私を一人残して死んでしまったなら、私たちは何も持っていないのに、どうすればいいというの」

「確かに、その通りだ」と夫は答えました。「今は、はっきり言うことはできない。でも、明日の朝、最初の太陽の光がマウナ・ケアの雪を赤く染める時、私はプウエオ(Pueo「勝利の丘」の意)のヘイアウ(寺院)へ魚の供え物を持っていく。きっと神は私の祈りに何かしら答えて下さるのではないか。我々の目の前で絶えず衰弱していく子供を元気づけておくれ」

次の日の早朝、献身的な両親は床を離れるとその日の厳粛な儀式の準備をしました。父は網から新鮮なボラを五匹取り出し、キKiという幅広い葉の中に慎重にそれらを包みました。それから彼は川の水で全身を洗い、肩に新しいマントをはおると、砂浜に沿って歩き出しました。ちょうど昇ってきた太陽の光が水の上で踊り、雪に覆われた山々の頂を赤く染めました。ワイルク川に到着するまでウルはゆっくりと海岸沿いを進み、その間、小さな波が彼の足元に打ち寄せて、時折マントに小さな泡をまき散らせていました。雨季の続いていた間、小川は背の高い雑草や藺草の間を調子よく流れるのですが、乾いた夏の時期に、この水路は干上がってしまうのです。

ここでウルは歩みを止め、改めて身を清めて、寺院のあるプウエオの神聖な区域へと入って行きました。

それから彼は天と地の神々に大声で祈りました。「お〜、カナロアよ、お目覚め下さい。それから、天の雲の間に住まわれる無数の神々よ、お目覚め下さい。来て、私の声をお聞き下さい。黒い雲から滑らかな海の表面に涙が落ちています。白い雲からも、マウナ・ロアにかかる長く尖った雲からも、そして青い雲からも、ワイマヌの絶壁に向かって吹く東風の中の低い霧の雲からも、朝の月を覆う灰色の雲からも涙は落ちているのです。カヒコの子孫にどうか憐れみを賜りますように」

このように祈って彼はワイルクを通り過ぎ、ヒロ湾を見下ろす高い断崖の上にある寺院に入りました。近づいてきた司祭と一緒に彼は、神々への生贄が捧げられる祭壇の前へと進んだのです。片膝をつくと、ウルは再び神々に祈願し、司祭に魚を渡しながら言いました。

「ここにキ ki の葉があります。そして、ここに偉大なムーアリイイ（堂々たるとかげ）のための魚があります。そして、ここにワケア（ハワイ民族の先祖）の息子がおります。どうか、彼の願いを叶えて下さいますようお願い申し上げます」

司祭は、それからいつもの祈りを繰り返していましたが、神の応答を待っていたウルは、午後の太陽がマウナ・ケアの雲の陰に隠れてしまうまで、祭壇の前にひれ伏したままでした。その時、祭壇の中で声がしたのです。

「カパパの子は奇形で、腕も足もなかった。彼女は夜その乳児を長い家の端に埋め、朝になるとそこに茎と葉が伸びていたのだ。ワケアが近づいてきてそれをカロ kalo（talo タロイモのこと）と呼んだ」

これが神の反応でした。司祭からその解釈を受け取ってから、ウルは起き上がってワイアケアの自宅に戻りました。心配しながら彼の帰りを待っていた妻は、神殿を訪れた結果について尋ねました。

「私はムーアリイイの声を聴いた。今夜、闇が海を覆い、ペレの火がキラウエアの上にかかる雲を照らすやいなや、黒い布が私の頭を覆うだろう。その時、私の身体の呼吸は止まり、魂はミルの王国へ旅立つのだ。私の頭を、流れ出る泉の近くに慎重に葬っておくれ。家の扉の前に、私の心臓と内臓を埋めておくれ。私の両足も両腕も、同じやり方で埋めてほしい。それから、二つある私たちのソファーに横になって、夜のささやきに耳を澄ますのだ。しかし太陽が朝空を赤く染める前に外へ出てはいけない。もし夜の静けさの中で、葉や花が落ちるような音が聞こえ、その後、重い果実が地面に落ちるような音が聞こえたなら、私の願いは叶えられ、我々の子供の生命が救われたことがわかるだろう」

これらのことを言い終わるとウルは息を引き取り、妻は激しく嘆いたのでした。

「ああ、私の友、私の夫、あなたはどこへ行ってしまったの？　一緒につらいことに耐えてきた友、飢えと渇きの苦しみも共に耐えてきた友、風と雨、寒さと暑さの時の私の友、ああ、あなたはいなくなってしまいました。もう二度と戻ってはこないのですね」

心底彼を悼んでいる妻にとって、彼は最愛の人でした。森の赤い花よりももっと明るく美しく、カネ神よりも更に強く、北風が吹く時の荒れ狂う波より獰猛に戦う古代の王たちより、彼はもっと強かったのです。しかし、彼は仲間たちには公正で、どこまでも優しかったのでした。「それが私の友、私の夫でした。彼は逝ってしまいました。ああ、ああ、彼は逝ってしまった。もう二度と戻りません」

暗くなって、彼女は亡くなった夫の遺体を竹刀と鋭い貝殻で切り裂き始めました。その後、彼女はいろいろな部分を土に埋めて家に入ると、子供の傍に横たわって神託が達成されるのを待ったのです。

小さな男の子はまどろんで、真夜中過ぎまですべてが静まり返っていました。森の葉を揺らすそよ風のように、穏やかなささやきが聞こえ、すぐに落葉のざわめきと実が熟して地面に落ちる音が続きました。信心深い妻はその音を聞いて喜びました。なぜなら、夫が死によって神々の好意を得たこと、そして彼のすべての望みが今や満たされたことがわかったからです。でも、夫の最後の言葉を心に留めていたので、扉の隙間から朝日が覗いて新しい一日の始まりを知らせるまで、ソファーの上に静かに座っていたのでした。

息子を起こして家の外を見た彼女は驚きました。そこは植物の完璧な茂みに囲まれていたからです。

彼女が夫の心臓を埋めた玄関扉の前、まさにその場所に露を滴らせ朝日を浴びて輝く広い緑の葉で覆われた風格のある木が育ち、草の上には枝から落ちた丸い熟した果実が転がっていました。この木を彼女は夫の名に因んでウル（パンノキ）と名付けたのです。また、彼女がバナナと名付けた、とても大きな葉と垂れ下がった奇妙な長く黄色い果実の房には、小さな春が隠れていました。その間の空間は、見事に伸びた細い茎と絡み合った蔦で覆われていました。彼女はその細い茎をサトウキビ、蔦を山芋と呼ぶことにしました。

家の周りいたるところに、小さな低木と多肉植物の根が生えていました。そしてそれら一つ一つに彼女は適切な名前を付けて行ったのです。

それから彼女は小さな男の子を呼んで、「パンノキとバナナを集めなさい。一番大きくて最高のものは神の為にとっておき、残りは熱い石炭の上で焼くのです。そうすれば、将来それがあなたの食べ物となるでしょう」と言いました。

最初の一口で子供の身体は健康を取り戻し、その時から力がみなぎり背丈も伸びて、立派な一人前の男に成長したのでした。それから彼は偉大な戦士となり、島中で彼を知らぬものは一人もいないほど有名になりました。
そんな訳で、彼が亡くなると、モクオラというその名は彼の骨が埋葬されたヒロ湾の小島に与えられ、いまでも島はその名前で呼ばれているのです。

（Ulu's Sacrifice : More Hawaiian Folk Tales. 拙訳）

ポリネシアにおける食物起源神話には、「海から釣り上げた」、「英雄が盗んできた」、「神が作った」といったモチーフが見られる。この「ウルの犠牲」は人間の死体が埋められ、神の恵みにより、そこから作物が成長してくるという所謂「死体化成型」の話である。

ソロモン諸島では父や叔父の遺言で墓で頭が変化したココヤシを発見する。ポリネシア各地では飢饉のおり父親が犠牲になって地面に入ったところからパンノキが生えてきたなどという話がある。ハワイではワーケアとパパの最初の娘が通じこの誤った最初の交わりからタロイモが生じる。（「世界神話　伝説大事典」勉誠出版）

ドイツの民俗学者イェンゼン（Adolf Ellegard Jensen）はインドネシア・セラム島の神話の女神の名

をとって、食物起源神話のひとつを「ハイヌウェレの神話」と名付けた。ハイヌウェレはココヤシの花から生まれた女の子で、「ココヤシの枝」という意味である。

「(前略)人々は広場で祭りを催したが、その際にハイヌヴェレがあまりにたくさんの見事な贈物を人々に配ったので、人々は嫉妬して彼女を殺害して、広場に埋めてしまった。少女を育てたアメタはその死体を発見すると、掘り出して切り刻み、埋め戻した。すると死体の断片は各種のイモになった。」(「神のかたち図鑑」白水社)

少し補足すると、ハイヌウェレが配った贈物というのは、実は大便として排出したものだったので村人たちは気味悪がって、彼女を生き埋めにしてしまったのだ。この型の神話が特に多いのは環太平洋地域で、いずれもタロイモなどのイモ類が主食の民族なのである。

「古栽培民とハイヌウェレ型神話との結びつきは、イモの栽培方法を考えると理解できる。イモは切り刻んで、その小片を大地に埋めることによって新たに芽を出す。ハイヌウェレの殺害は、村人によって引き起こされたが、その死体は細かく分断され、あちこちに埋められた。古栽培民にとって収穫したイモを切り刻むことは、殺害行為そのものだったのではと考えられる。その隠喩が、ハイヌウェレの神話なのだ。」

(谷口智子『性愛と暴力の神話学』「ラテンアメリカにおけるエロスと暴力」晶文社)

ペレの島造り

ペレのハワイにおける島造りの神話についてまとめておこう。

遥かな昔、南太平洋のカヒキ(Kahiki)にペレという火の女神が住んでいた。ペレは意のままに大自然を操り、火山を噴火させては大量のドロドロした溶岩を流出させていた。それは彼女にはとても愉快な仕事なのであった。更にペレは、大地震を引き起こし、海底から新しい島を造り出したりもしていた。

だが、次第に疲れ果て、同じことの繰り返しにも飽きてきたペレは、弟や妹たちを引き連れて、北に向かって出帆した。そしてハワイ諸島にやって来た時、彼女はここがとても気に入って、まずカウアイ島を造ってから、ワイアレアレ(Waialeale「突き進んでいく水」の意)に住むことにした。次にペレはニイハウ(Niihau)島、そしてオアフ島を作り、そこにも長いこと留まっていたのだった。その後マウイ島を造った彼女は、巨大な山の頂で太陽が永遠に自分の側に住めるように、ハレアカラ(Haleakala)という噴火口を造ったのである。

しばらくの間ペレは満足し、毎日岩を投げたり、海の中深く溶岩を流し込んだりして楽しんでいた。その後もモロカイ島やカホオラヴェ島が造られたのだが、彼女はまだ自分の一番のお気に入りを造っていないと思っていた。

彼女は自分と弟妹たちの最終的な住まいのために、高い山々が聳える大きな島を造る計画を立てたのである。そこで彼らは一緒にマウイ島を後にして、ハワイ島を造り始めた。まず始めにコハラの山々、その後、島の最高峰でペレの誇りでもあるマウナ・ケアが出来上がった。後でファラライとマウナ・ロアが、そして最後にキラウエア(「吐く」「広がる」の意)が出来たのであった。

ペレの好きなオヒア(ohia)の木に咲くレフア(lehua)花は、噴火口の周りで一番良く成長していた。ペレはこの赤く輝く花を大切にして、もし花が摘まれるようなことがあると罰として雨を降らせたのである。根が浅いオヒアは荒れた大地には強い植物で、合歓の花と同じような形をした真っ赤な花をつける。根を深く張る木は、逆にこのような硬い土地では育たないのだ。

人々が視界に入ることもない海の彼方の陸地を求めて船出していった理由は、単なる冒険心や好奇心だけではなかっただろう。恐らく、その土地(島)にいたたまれなくなってしまったほどの喧嘩やいじめ、更には大きな争いごとや戦等々、命にかかわる危険から彼らは海に出て行かざるを得なかったのではあるまいか。そして新しい島や陸地に辿り着くまでには多くの餓死者や溺死者、果ては日射病にかかった者たちもいたに違いない。タヒチに住んでいた女神ペレが、姉ナマカの怒りから ハワイ諸島へと逃げ出して来た神話も、大昔のこうした様々な出来事の結果生まれてきたものだろう。つまりはヨーロッパ近代の大航海時代などよりはるかな昔に、南太平洋の人々は大海原を自由に航行していたのである。

カヒキに住んでいたロノペレとパーアオという兄弟が喧嘩の末、互いに自分の息子を失った話がある。弟パーアオは兄から逃げるためカヌーに食料を積んで、船乗りたちや首長のピリカアイエアと妻、そして妹を乗せて出航したのだが、やがてロノペレが船を沈めようとして風雨を送ってきたのである。

パーアオはマットで船体を覆って水を掻き出した。ロノペレが再び大嵐を送るとアク（カツオ）とオーペル（メアジ）が浮上して、波を鎮めた。嵐を鎮めたこの二種類の魚は子孫にとってタブーの魚となった。ロノペレは再び寒い北風を送ったがパーアオはマットで船体を覆って排水した。次にロノペレは怪鳥を送ったが、再びマットで船体を覆って船は守られた。

パーアオはハワイ島東部のプナに上陸して最初のヘイアウを建てた。ルアキニ型と呼ばれる戦争儀礼用の神殿である。パーアオはハワイに新しい儀礼をもたらした神官とされる。そしてその後、再びパーアオがカヒキに戻り連れてきた王族ピリカアイエアが、新たなハワイの王朝を開いた。

（吉田敦彦「世界の神話　英雄辞典」河出書房新社）

ハワイロアという男が東に向かって長い漁に出た時、ココヤシやアヴァが豊富に実る土地を見つけた話。

（彼は）一旦帰って、家族や一族を連れて戻った。ハワイロアだけが妻を連れて行ったので、ハワイの人民は皆彼の子孫である。彼は時折、南の土地(タヒチ?)に戻って、彼の子供たちの配偶者を連れて戻った。彼は兄弟のキイの長男を、オアフ島に住む娘の夫として連れ帰った。

(中略)

ハワイロアの息子、クー・ヌイ・アーケアから新たな首長の系譜が生まれた。マカリイからは平民。神官は首長に属した。息子の代にタヒチからキイの孫が来て、マウイ島に住み着いた。ハワイの人民は皆彼(ハワイロア)の子孫である。

異伝では、ハワイヌイは漁師で、カヒキーホヌアーケレから来た。彼は海をよく知り、航海して、カウアイ島、オアフ島、マウイ島、そしてハワイ島を見つけた。ハワイ島は自分の名前から名付けた。

(「世界の神話　英雄辞典」)

さて、ペレに話を戻そう。神話によれば彼女はお気に入りの住まいを二つ持っていたという。一つはマウナ・ロアの頂上でモクアヴェオヴェオと呼ばれ、もう一つはハレマウマウというキラウエアの炎のくぼみであった。ペレは時々、醜い老婆の姿となって食べ物と保護を求めながら、海岸線を彷徨っていたと神話は伝えている。もし住民たちが利己的で彼女のこうした願いを拒絶したなら、ペレは溶岩の流れを引き起こし彼らの家や庭を破壊したが、しかし善良で親切な人々には祝福を送り、沢山の食物と幸運、そして長寿を与えたのである。

ある時、二人の姉妹のところに突然一人の老婆が現われて、パンを求めた。姉は何もあげなかったが、妹は一つ、さらにもう一つあげた。実はその老婆はペレであった。

『次の日、溶岩が流れ始めた。人々はみなペレに捧げ物をした。しかし祖母は言った、「どんな供犠をしてもペレの怒りを収めることはできはしないよ。彼女は自分に親切にしなかった者を罰しようとしているのじゃから」と。

人々は息を潜めた。溶岩は煙を上げ、木々を焼き、畑や家を呑み込み始めた。年上の娘の家では逃げ出した。年下の娘もお祖母さんの手を取って逃げようとしたが、祖母は「大丈夫じゃよ。ペレは自分の言葉を忘れないから」と言った。少女は死を覚悟したが、不思議なことに溶岩は娘の家と畑の所で二筋に分かれ、娘の家だけが島のように残されたのだ。溶岩はゆっくりと流れ落ちていった。それを見て家族はペレに感謝の祈りを捧げた。』

（後藤明「南島の神話」中央公論新社）

似たような女性の性格ですぐに思い浮かぶのは、ドイツ・ヘッセン地方に伝わるホッレおばさんである。伝説によればヘッセンのホッレ小母が池(Frau Hollen Teich)に住む彼女は、泉の底に降りて自分のところに詣でる女たちには健康を恵み子宝を授けるのだ。人の世に雪が降るのは、ホッレおばさんが布団を叩いてその綿屑が空中を舞うからだという。紡ぎ女が怠けていると小母は糸巻き棒を汚したり、縒糸（よりいと）をもつれさせたり、亜麻に火をつけたりして女を懲らしめる。小母はまた池の底に花や果物を貯え、気に入った人間に出会うとそれを分け与えていた。グリム童話「ホレおばさん」（KHM24）も、こうした背景を面白おかしく伝えている。ペレもホッレ小母も、産み育てる肯定的な面と、破壊しようとする否定的な面とを併せ持つグレート・マザー（太母）的な性格はよく似ている。また、ホッレ小母は水の底、ペレはドロドロした溶岩の底に住んでいるのも共通している。

池は古代の諸宗教では常に女性を表す象徴であり、しばしば地下の子宮への水路と見なされたが、この子宮は北欧では太母ヘル（Hel）と関係があった。Hel と言う語から holy（聖なる）と healing（病を癒す）が派生したのである。ヘル（Hel）はホッレ（Holle）であり、その水は「地上のすべての子の源」と呼ばれているから、こんなこともグリム童話で「ホレおばさん」（Frau Holle:KHM24）と呼ばれるドイツの魔女たちが、水底に住んでいた理由に繋がっているのかもしれない。（拙著「まだあるグリムの怖い話」東京堂出版）

善良な人を神が祝福する物語は「グリム童話」の中にも見られる。こうした話は、如何に苦しくても「人間は誠実に生きるべきだ」というメッセージを伝えているのだ。そして、話を分かり易くするため、登場する悪人が徹底的に禍を被る典型的な勧善懲悪型物語となっている。本来はこのように、神や仏の人界遊行説話と言うべきものなのだが、広い意味では日本人に人気の「水戸黄門」などもこの範疇に入れてもいいのではあるまいか。これに関連して、次に、グリム童話「貧乏人とお金持ち」(KHM87)の「あらすじ」を簡単に書いておく。

大昔、下界に現われた神さまが、ある晩、大きな家に住むお金持ちの家を訪問する。「お金持ちなら泊めてもらっても迷惑はかかるまい」、と神さまは考えたのだが、家の主に取りつく島もなく断られてしまう。そこで神さまが向かい側に立つ小さな貧乏人の家に行くと、年老いた夫婦は旅人を大いに歓迎してくれた。次の日、神さまは善良な老夫婦に、天国に行くこと、健康、そして新しい家という三つの願いを叶えてくれたのである。

それを知った隣の金持ちは失敗したと思って、すぐに神さまの後を追い、「お泊めしようとしたのに、鍵を捜しているうち、あなたはどこかへ行ってしまいました」と弁解し、やはり三つの願いを叶えてもらおうとした。しかし、それらの願いはことごとくむなしい結果となってしまったのである。

さて、ペレは常に心優しい長女で、弟たちや妹たちを心から愛していた。彼女は彼ら一人一人に住まいを見つけるという約束を忘れてはいなかった。まず彼女はプナの海岸から一続きの噴火口を造り、キラウエアのアレマウマウにある自分の住まい近くで終りにした。それらの噴火口一つ一つが弟妹たちの住まいなのである。今日これらは連続噴火口(The Chain of Craters)として知られ、それぞれに弟妹たちの名前がつけられている。

ハワイの多くの人々のために、ペレは引き続き大きな島を造りながら生活していた。プナあるいはキラウエアの上空に赤い光が輝いたり、大地の中心部から熱い溶岩が押し上げられて噴火口へ溢れたり、断崖を超えて海へと流れ出したなら、人々は「ペレがまた精を出している」と言うのである。

ペレの怒り

更に、凄まじい勢いで流れ出る溶岩の活動を、女神ペレの恐ろしさに置き換えて伝えている物語もある。

昔、ハワイのカハワリ(Kahawali)という酋長が橇遊びをしていた時のこと。大勢の見物人たちが集まり、太鼓を叩いたり歌をうたったりしていた。カハワリは丘の上から滑り降りてはまた登り、皆は彼の橇の巧みさを褒め称えるのだった。

その時、女神ペレが人々の陽気な騒ぎにつられてキラウエアの噴火口から出てきた。彼女は自分

溶岩で遮られた道路

が女神ペレであることを知られないように普通の女の姿に変身し、カハワリに「橇滑りの競争をしませんか」と誘った。二人はすぐ丘の上から滑り出したものの、達人のカハワリに較べたらずぶの素人であったペレは身体のバランスさえとることもできず、すぐに負けてしまった。

ペレは「あなたの橇を貸してください」と頼んだのだが、彼女が火山の女神であるなどとは知る由もないカハワリは、にべもなくそれを断ってしまった。立腹したペレは地面を踏み鳴らして地震を起こし、大きな丘を真っ二つに裂いてしまった。するとその裂け目から火が噴出し、真っ赤な溶岩が滝のように流れ出してきたのである。本性を現したペレは、丘の麓にいたカハワリのところへまっしぐらに向かって行き、彼は身の危険を感じて懸命に逃げ出した。(この後の話はいわゆる逃走神話と呼ばれている展開で、例えば黄泉の国で化け物たちに追われて懸命に逃げる日本神話のイザナギノミコト等が思い出される。ドラマでも、追う者と追われる者とのデッドヒートは、一番緊張させられる場面ではないか)。

カハワリは海辺にある自宅へと走り、可愛がっていた豚に別れを告げ、その後、母、妻の順に鼻をすりつけて別れを告げる。「一緒に死にましょう」という妻の誘いをも断って、カハワリは迫りくる溶岩から一目散に逃げ出していく。行く手に深い地割れが起こっても、彼は手にした槍を巧みに操って橋の代わりとし、うまく向こう側へと渡る。ペレはそんな地割れをも乗り越えて、どんどん彼を追い詰めてくる。

ほうほうのていでやっと海岸へとやって来たカハワリは、そこでタイミングよく漁船から浜に上がってきた弟に出会い、彼の船に飛び乗ると、槍を使って沖へと漕ぎ出していく。海岸まで追いかけてきたペレは、カハワリの船がもう遥か沖合いに行ってしまったのを見ると、大きな石や岩を掴んで投げつけたものの、それらは一つも命中することはなかったのだった。

やがてカハワリはマウイ島に着き、その後すぐにモロカイへ逃げ、最後は女神ペレの怒りを避けてずっとオアフに留まったという。

海に向かって大きな石や岩を投げるペレの姿は、「ギリシャ神話」の中でオデュッセウスに目をつぶされて怒り狂いながら岩を引きちぎって船に投げつけた一眼巨人キュクロープスの姿を髣髴とさせる。叫べば声が届くほどの所まで逃げたオデュッセウスは、キュクロープスに向かって更に「悪業の報いだ。神々が下し給うた罰だ」と言い放ったのだ。

こう言うと、あいつ（キュクロープス）は前よりももっと怒って、大きな山の頂きを引きちぎって、黒い舳の船のほんのちょっと前のところに投げ下ろし、（もう少しで舵の先にあたるところだった）海は落下した岩の衝撃でわき立ち、打ち返す波は外海からの潮のように船をまた陸のほうへ押しやった。

（「ホメーロス」筑摩世界文学大系1）

火山の凄まじい噴火の様を、昔の人々は火の女神ペレや恐ろしい巨人の姿に移し変えて伝えてきたのだろう。ペレはキラウエア火山だし、キュクロープスの場合はシチリア島のエトナ火山がモデルであるといわれている。

家族思いのペレも人間から見れば、実に気まぐれで怒りやすい恐ろしい神だ。

ペレがいつ暴れ出すか、つまりいつ火山が噴火して溶岩が流れ出すかなど、ちっぽけな人間には予測も出来なかったし、ペレに対する恐れはすなわちすぐに大自然への脅威に直結していたのである。

第二章　ヒロ

山の後ろからモクモクと白い雲が湧く。この島へやって来ると、神話がどうやって生まれてきたのかが良くわかる。四千メートル以上もある大きなマウナ・ケアに、白い雲があっという間に近寄って、口づけをした。

今日はよく走った。コナからボルケーノまで九五マイルほど。そしてヒロまでは二九マイル。ボルケーノへの道はずっと上りで、ところどころに千フィート、三千フィート等の標識がある。一番高いところは一二二七メートルであった。

車が小さいせいか、あるいはアメリカ車のせいなのか、七十マイルを越えると車体が軽くフワフワと感じられて少しばかり怖い。要するにこの車、高速運転にはあまり適さないのだろう。「あなた、スピード出し過ぎよ！」。どこからか妻の声。真っ青な海と空と、どこまでも続いて行く一本

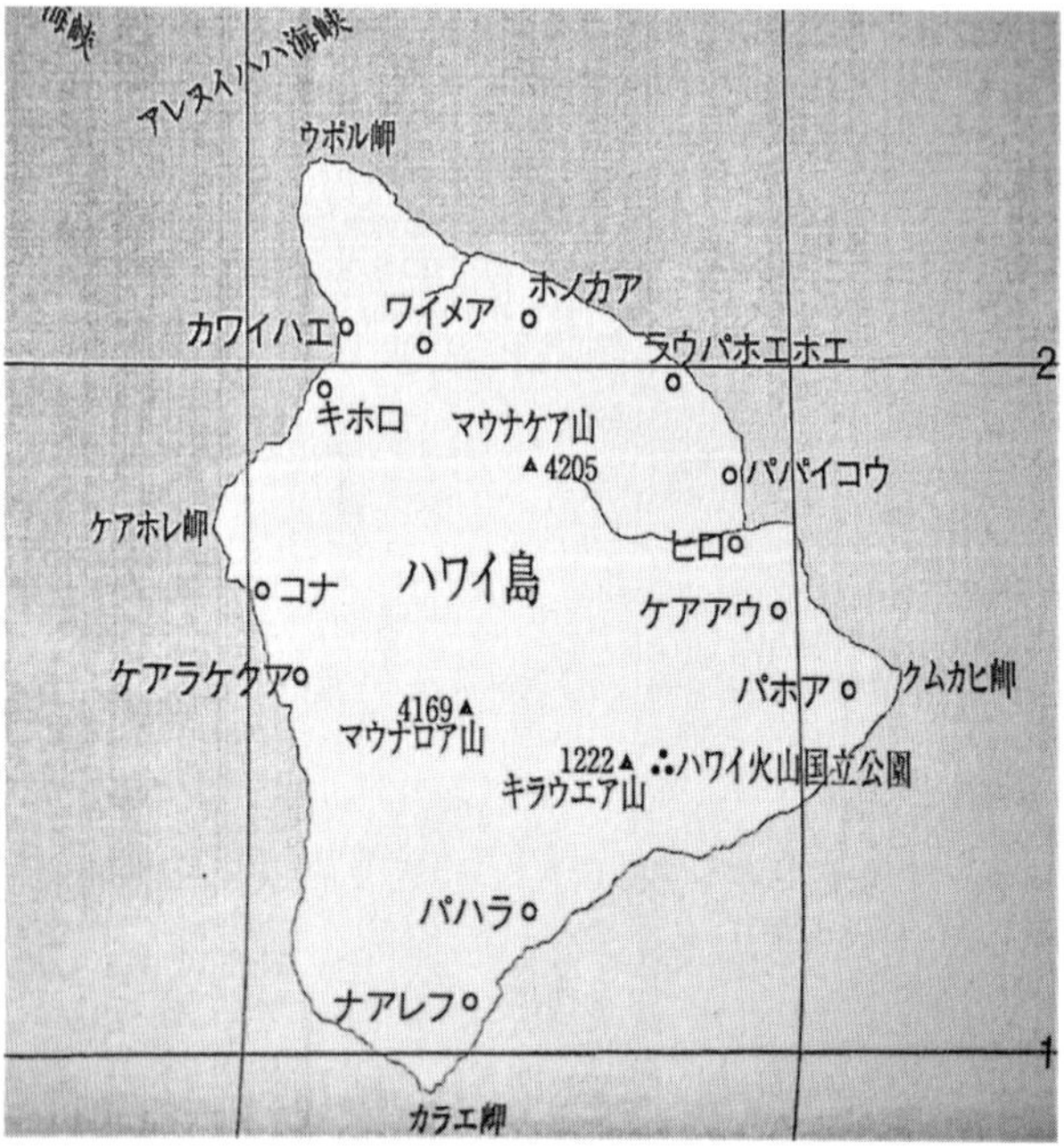

ハワイ島地図

道での幻覚。

今、ヒロのBホテルだ。雨の中、プールで泳いだ後シャワーを浴びて、ビールを三本飲んでもそれほど酔わない。アメリカのビールもワインも味気なく、アルコール度も低いせいか、あまり食べてもいないのにいつもすぐ満腹になってしまう。ベランダに出ると、無数の小鳥たちのさえずりが聞こえてきた。小鳥が何年ぐらい生きるのか知らないが、その鳴き声は短い生を懸命に謳歌しているようでいとおしくなった。ビールジョッキを片手に葉巻をくゆらせる、幸せなひととき。それにしてもお天気はあまりぱっとしない。

食後、ホテル前の暗い道を海岸まで歩いていくと、幽かな潮の香りがして、遠くに光る橙色の明かりが目に染みた。人間が住むのに一番適している土地は、恐らくあまり服を着る必要などなく一年中温暖なこんな場所なのだろう。しばらく歩いているうちに小雨が降り出し、それもやがて本降りになったので引き返したのだが、ホテルに戻るまでにはずぶ濡れになってしまった。

今からほぼ百五十年も前にヒロを訪れたイザベラ・バートというイギリス人女性の手紙が残っている。若い頃に身体の弱かった彼女は主治医の勧めで旅をすることになり、明治十一年（一八七八年）には北海道まで旅して、「日本奥地紀行」（Unbeaten Tracks in Japan）なる本も書いている。

ヒロ郊外

ヒロの街外れには、こぎれいな先住民の民家が建ち並んでいる。カロ水田やボラの養魚池が続くなかを六キロほど進むと、道は硬い熔岩が露出して凸凹が激しくなった。道幅は六十センチに満たない。小道はやがて森の中に入った。森は簡単には言い表せないほど深い茂みとなっていて、まさに熱帯の密林という表現がぴったりだった。わたしはこれほど完全な美しさというものを想像したことすらない。自然は次々と素晴らしい造形美を産み出す。まるで湿潤な温室の空気が、惜しみのない水分を与えて発育を促しているかのようだ。

ここでは無限の多様性という言葉が良く似合う。なんという緑の深さだろう。それは人が踏み入ることを拒む、決して解かれることのない木々とシダとツル植物の迷宮だった。

（「イザベラ・バードのハワイ紀行」近藤純夫訳、平凡社）

昨晩、九時前にはもう眠くなって、一度トイレに立ったのが十二時、次に目覚めたのは朝七時半だ。十一時間近く寝たはずなのにまだ眠たい。自分で気づかなくとも、身体はずっと疲れているのだろう。早朝に本を読んだり、散歩に行けないのはちょっとつらい。それでも八時頃ホテル前の道をココナツアイランドまで三十分ほど歩いてきた。本当は今日一日ここでゆっくりしたい気持ち。しかしこの静かな町ヒロには、ハワイ大学分校や虹滝（レインボー・フォールズ）を訪れる以外予定を入れてはいなかったから、今日のうちにワイメア（「赤みを帯びた水」の意）まで行ってしまった方がいいかも知れぬと考えている。

太い木々の下の雨上がりの道をとぼとぼ歩いていくと、ココナツアイランドへの細く長い橋がかかっていた。小さな島の中に人影はなく、草原の露に反射する朝日がまぶしかった。良く見ると、緑色の細い草一本一本すべての先に小さな滴がついて、それらがまるで宝石のように光り輝いているのだった。こうした自然に恵まれた土地で、昔の人々があらゆるところに神が宿ると考えたのも素直に納得がいく。

国引き神話　ココナツアイランド(英雄マウイ)

昔、マウナ・ロア火山から出た溶岩の流れは海まで達し、固まってヒロ湾に岩礁や出っ張りを形作った。岩礁の比較的高い部分が小さな岩でできた島となり、それらの中で一番大きなのが、ハワイの人々にモクオラ(Mokuola)と呼ばれていたココナツアイランドである(前出の「ウルの犠牲」参照)。モクオラとは「人をいい気持ちにさせる島」という意味らしい。このココナツアイランドの由来には、ポリネシア神話の中で一番活躍する半神半人(demigod)の英雄マウイ(Maui)が登場してくる。

マウイは母親の女神ヒナ(Hina)と虹滝(レインボー・フォールズ)の下流にある大きな洞窟に住み、魔法のカヌーと祖母ムリランガの下あごで作った魔法の釣針とを所有していた。

マウイは自分のカヌーで、ハワイ島とマウイ島との間をわずか二振り櫂を漕ぐだけで航海することができたし、自分の釣針で、他の人には何も残らないほど海中の全ての魚を捕まえることができた。

ある日彼は、島を全部互いにくっつけてしまったなら、みんなが王国を気軽に旅することができるようになっていいのではないかと思ったので、ハワイ人の親方や屈強な男たちを呼び集めて計画を伝えたのだ。「みんなで力を合わせれば何とかなりそうだが、しかし島がピッタリくっついてしまうまで、作業の途中で絶対に後ろを振り返ってはならない」とマウイは告げたのである。「約束を守る」と誓った男たちは、直ちに作業に取り掛かった。

まず初めに、ハワイ島のすぐ隣にあるマウイ島を引っ張って来ることにした。マウイは自分の名と同じこの島に魔法の釣針をしっかりと引っかけて、逞しい男たちと一緒に力の限りカヌーを漕ぎだしたのである。すると、島はゆっくりと動き出し、みんなは二つの島がもうちょっとで合わさるところまで懸命に櫂を漕いだ。

ところが、ずっと好奇心を抑え続けていた一人の親方が、あとわずか数フィートのところで、もういいだろうと後ろを振り返ってしまったのである。たちまち魔法は失せて、みんなが全力で引っ張っても、マウイ島はあっという間に海を滑って元の場所へ行ってしまったのだ。釣針がわずかに深く食い込んでいた島の一部分だけがちぎれて残された。

かつてはマウイ島の一部であったココナツアイランドがどうしてヒロ湾にあるのかという理由を、神話はこんな風に伝えている。


ここにもまた「禁止の魔力」のモチーフが潜んでいる。別なレベルでは、何かを成し遂げようとする時には、「決して脇見などせず、一心不乱にそのことに集中しろ」と言っているのだ。

禁止された者がそれを破る話は人類最古のテーマといってよく、旧約聖書の創世記エデンの園にあった禁断の果実や、ソドムの町を去る際「逃れて自分の命を助けなさい。うしろをふりかえって見てはならない」(「創世記」一九章一七節)という神の言いつけにそむいて振り返り、塩の柱になってしまったロトの妻の話などはよく知られている。人間には知らないことを知りたいという欲求があり、この探究心あるいは好奇心こそが人類の発展に大いに寄与してきたのだ。もし人類がこうした気持ちを一切持ち合わせていなかったとしたなら、今日のような文化や科学の発達などはありえなかったに違いない。

しかし「知ることは不幸を招く」と警告する神話や言い伝えは多い。よく考えてみると、知らなければ知らないままで、実はその方がずっと幸せでいられる場合が多いのではないだろうか。誰かを好きになったなら、その人のことをもっと知りたいと思うのは当然だし、逆に色々なことを知りすぎてしまうと、今度は嫌になってしまったなどという話はよく耳にするところだ。マウイの島を引っ張る話も、一生懸命努力している間は脇目もふらず必死だが、目標が見え出して内容もわかってくると、いっぺんに力が抜けてしまったということではないのか。知らないからこそ皆努力するわけで、後ろを振り返って先に本当のことを知ってしまったなら、それまでの興味も半減してしまうのである。

我々は死を恐れるけれど、このようにもし死んだ後にどうなるのかがわかっていたなら、恐怖心も大いに減っていくのではあるまいか。

ところで、この「国引き神話」はポリネシアはじめ多くの国に伝わっており、日本神話の「国引き」もこの範疇にあるだろう。

出雲の国に住んでいた八束水臣津野命《やつかみずおみつねのみこと》は、スサノオノミコトから四代目の孫にあたる神である。この神は出雲の国を見て、地面が狭く思うように田畑を作れないので、何とかしてもっと大きくしたいと考えていた。「どこかに国の、あまりがありそうなものだ。そうしたらそれを引き寄せて出雲の国に足すのだが」

命《みこと》は広い海を見渡してみると、遥か向こうに新羅の出ばなが見えたので、それを切り取って出雲の国に足すことにしたのだ。「出雲の国があまり小さいから、向こうに見える新羅の出ばなを切り取って、つぎたしたいのだ。みんな早く鋤と大きな縄を持って来い」

御家来たちはすぐに鋤と大きな縄を持って来ました。そして新羅の国に渡って、国の出ばなを鋤でつききって、それに縄をかけました。出雲の国の海ばたにはたくさんの人が集って、その縄をそろりそろりと引きはじめました。

命《みこと》は、

「国来い、国来い。そろそろ来い。」

と、おもしろくお唱えになりました。そのお詞《ことば》に合わせてみんなが縄を手《た》ぐりました。新羅の出ばなは波の上をしずかに寄って来て、とうとう出雲の海ばたに着きました。命はそれをうまくおつぎたしになりました。これが杵築《きつき》のみさきで、今出雲大社のあるところです。

（「日本お伽集1」撰者・森林太郎他、平凡社）

八束水臣津野命《やつかみずおみつねのみこと》の「もっと領地を増やしたい」という単純な動機は合計四度繰り返され、その度ごとに家臣たちは呼び出されて、国引きを手伝わされている。つまりこれは早い話が、遠い昔隣国を侵略したことに対する時の権力者による手前勝手な理屈だろう。侵略に都合のいい大義名分をつけるのは(ウクライナ侵略を見るまでもなく)、どの権力者も好むところである。

昔、出雲大社に東京方面からドライブした時にはまるで気づかなかったのだが、山口方向から海沿いに来るとこの辺り一帯の地形とその美しさが良くわかる。古代の人々は当然ながら一番良い場所に神々の社を造ったのである。

龍・モー・クナ

次に、昔、虹滝(レインボー・フォールズ)の上流に住んでいたモー・クナという名の凶暴な龍について書いておこう。

モー・クナは巨大な蜥蜴《とかげ》のような龍であった。

この龍は以前女神ヒナに振られた腹いせに、彼女への嫌がらせを執拗に繰り返していた。虹滝の陰にある岩穴に住んでいたヒナに、龍は激流にのせてよく丸石や大木などを落としていたのである。ヒナはよく我慢していた。落下する滝のしぶきでできる霧が、彼女の住む大きな岩穴をうまく隠してくれていた。また、雲の召使もヒナを守っていて、もし彼女に何事かが起こったなら、この雲は異様な形となって滝の上に高く上るはずであった。マウイはこの雲の警告を見た時には、何があってもすぐ母の住まいに急ぐのだった。

激しい嵐が起こったある晩、怒り狂ったような水が、ヒナが住む岩穴に襲い掛かってきた。このチャンスにモー・クナが巨大な丸石を断崖の上へ力いっぱい投げつけると、それは峡谷の壁の間にぴったりと落ちて急流の突進を塞いでしまったので、冷たい水がヒナの寝室に高く上ってきた。女神の悲鳴は、マウイにも聞こえた。同時に、暗闇を通して雲の警告を見たマウイは、すぐ母のところへと飛んで行ったのである。

長い岩が中央橋のちょうど下流にはまっていた。マウイは川を塞いでいる岩を見つけると、強力な魔法の棍棒の一撃でこれを打ち砕いた。岩は真っ二つに割れて、邪魔ものがなくなった激しい流れは、いつもの道を突き進んでいったのである。

岩が打ち砕かれる音を聞いたモー・クナは、すぐに川の上流へと逃げていった。最愛の母を水攻めにしたクナに対するマウイの怒りは激しく、彼は龍を見つけ次第殺してやると誓っていた。

川の遥か上流にある隠れ家へ逃げこんだクナは、心底マウイの力に慄いていた。マウイの足音は大地を震わせていた。そしてその後すぐ、クナはマウイの大声を聞いたのだ。怪物の洞穴の前に立ったマウイは、耳をつんざく様な叫び声を上げると力強い腕の一振りで、クナの住む洞穴の奥深くへ魔法の槍を思い切り投げつけたのである。

しかし敏捷な龍は、間一髪外へ滑り出して身を守った。今度は下流へ逃げたクナを捜して、マウイは洞穴を一つ一つ槍で突いていった。川の中にあるいくつかの深い淵の一つに飛び込んだクナは、やっと安全に隠れることが出来るはずだったのだが、そんなことに簡単に騙されるマウイではなかった。

彼は呪文によって火山の女神ペレを呼び出し、熱い石と溶岩を送ってもらってクナの隠れ家の中へと投げ入れた。すると、水が猛烈に沸騰して、山峡の上には蒸気の巨大な柱が立ち上がった。今日、ボイリング・ポット(Boiling Pots)として知られているこの淵だけはずっと沸騰を続け、相変わらず活発に波立っているのである。

クナの頑丈な隠れ家も、マウイが淵の中へ投げ入れた真っ赤に焼けた岩と溶岩によって猛烈な熱が発生し、クナを守りきることは出来なかった。やけどしながら、そしてほとんど体力を使い果たしながらも、怪物は首尾よく大釜の中から抜け出して、下流へと逃げ続けた。マウイはその後から熱湯の激流を送り、醜悪な龍はついに大やけどをして果てたのである。

今日、このグロテスクな形は、長く黒い岩の島モー・クナ(Moo Kuna)として知られている。今でも、増水や豪雨の度ごとに激しい流れが岩を叩く。まるで、愛しい女神ヒナを殺そうとしたクナへの罰が永遠に続くとでもいうように。

ヒナ

ヒナは月との関連が深く、「月のヒナ」と呼ばれたりはするものの、男性の神々のような崇拝を受けることは少ない。何故ヒナが月と結びつくのかについてはいくつかの話があるのだが、その一つは彼女がタンガロアと口論した時に月に跳び上がってしまったというもの。別の話では、一人でカヌーに乗っていたヒナがあまりにも美しい月を見て、そこに留まってしまったことになっている。月の上にある陰は、日本では「ウサギが餅つきをしている」というけれど、ハワイではヒナがカパ布を作っている姿なのである。

ヒナの話は、カラカウア王が自らの祖先の系譜を記録した「クムリポ誕生の創世歌」にも登場し、海の中に住む神秘的な女性ということになっている。

「月に働きしヒナ」は、水を掻き出す者として漂う
ヒナはカヌーに乗せられ、故に、「水を掻き出すヒナ」と呼ばれる
海辺に連れられ、火のそばに置かれ、
珊瑚虫が生まれ、ウナギが生まれ、
ウニが生まれ、海の卵が生まれ、
黒い石が生まれ、火山岩が生まれ、
故に、「子宮から様々なものを産みだしたヒナ」と呼ばれる。

（「オセアニア神話」青土社）

昼下がりに虹滝(レインボー・フォールズ)へ行ってみると、人っ子一人おらず、忘れ去られた場所という印象を受けた。日本なら土産物屋がぎっしりと立ち並んで、レインボー饅頭とか、絵葉書とかどうでもいいようなものを売っているだろうに、このそっけなさは素晴しい。ただ、以前来た時に較べると滝の水量が少なく、滝の背後にあるヒナの洞窟も良く見えて、これでは女神もうまく隠れていることはできないなと思われた。

二十五メートルほどの高さから滝壺に落ちる流れは二、三メートルの水煙を上げてはいたものの、以前午前中に訪れた時に見た激しい水飛沫に光るきれいな虹を見ることは出来なかった。水の落下はいつまで見ていても飽きることはなかったのに、木立に覆われたその場所は藪蚊が多く、早々に退散せざるを得なかった。

人気のない駐車場を出て細い通りを更に上っていくと、すぐにまたワイアヌエヌエ・アヴェニュー(WAIANUENUE AVE)に合流した。モー・クナの住んでいたボイリング・ポットはここからあまり遠くないはずである。五、六分も走って急に交通量が少なくなり、道を間違えたかと心配になり始めた頃、ボイリング・ポットを示す小さな看板が出ていた。ペエペエ・フォールズ・ストリート(Peepee Falls st)を右へ曲がって着いた駐車場にもやはり人影はなかった。

ボイリング・ポットは緑の木々に囲まれた美しい渓谷である。展望台の左手奥にある幅広の滝から水が大きな音を立てて落下している。流れは激しく、水量がもっと多い時であったならまさに大きな龍が暴れているように見えたかもしれない。中州にある大きなごつごつした黒い岩の両側を、白い飛沫を上げながら水が勢いよく流れていく。じっとその光景を眺めていると、昔の人々がこんなグロテスクな形をした岩から凶暴な龍モー・クナを作り上げたのも分かるような気がする。

深い緑に覆われた岸辺に一本だけ生えていた赤い花をつけた木が、不思議に強く印象に残っている。

ホノカアへ

ホテルのカフェーで珈琲とパンとのごくごく軽い昼食。この頃食べすぎなので、こんな質素な食事でちょうどいい。窓を通して、まるでお伽話に出てくるような大きなバニヤンの樹が見える。それはしっかり地面に根を下ろして、ちょっとやそっとのことではびくともしないように見える。この樹を見ると私は、何故かすぐに「星の王子さま」に出てくるバオバブの樹を連想するのだ。それがどんなものなのかはまるで知らないのに。

そういえば、大江健三郎が書いた「レイン・トゥリー」なる樹もたしかハワイのどこかの島にあるのではなかったろうか。それも一度見てみたいものだ。

追い立てるようにハエが盛んに窓を叩いている。ぼちぼちワイメアへと出発するとしよう。

ヒロからホノカアへは一本道で間違いようもなく、右手に紺碧の海を望みながらのドライブは爽快だった。左手には山が迫ってきたり、たおやかな丘陵地帯になったり、景色は刻々と変化した。

それほど広くもない道は、時折山側に向かって急な下りとなり、小さな渓谷にかかる橋をわたると今度はまた海側に向かって上っていく。ちょうどV字形をしたこのような地形が何度か繰り返され、下り坂を走っている時には、谷の向かい側を走っている車が良く見えるのだった。場所によって結構きつい下りは、エンジンブレーキをきかせても車がどんどん加速してしまうほどである。その先にはいつも渓谷をわたるヘアピンカーブが待っているのだから、運転はやや緊張を強いられる。ずっと後にアイスランドを一周した時、私は何度も同じ様な体験をしたものだ。青空を背にした緑一面の牧草地の向こうから、真っ白な雲がもくもくと湧き出してくるのは、まるで魔法を見ているようでもあった。

ホノカア(Honokaa)の海が見えるカフェー。

いっぱいに注がれたコーヒーカップはテーブルが揺れると、すぐ受け皿に溢れてしまった。そばかすだらけのウエイトレスは、ショートパンツから細長く形のいい足をスラリと出していたが、コーヒーのおかわりを運んできた彼女をよく見ると、きれいな足のところどころに紫色をした細い血管が浮出していた。窓を通して心地よい風が海の匂いを運んでくる。玄関横の薄暗いホールからは六〇年代のオールディーズが流れ、何だか懐かしい時代にタイムスリップしたような気分。急にヘミングウェイを読み返したくなった。

ホノカアとは「くずれる湾」という意味のハワイ語である。

右手に海を見ながら走ってきた一九号線が二股に分かれるところを右側の二四〇号線に入って、しばらくするとダウンタウンに出た。古い木造の平屋と二階建ての家並みが続く通りも、一昔前の世界に迷い込んでしまったかのような気分を更に強めた。

通りにはまるで人影がなく、みんなこの時間一体何をやっているのか不思議であった。元々この町は一八八一年にオーストラリアから移植されたマカデミアナッツで知られており、その加工工場が唯一の見学コースであるという。


運転している時、頭は一体何を考えているのだろう。様々な思いがまるで白日夢のごとく浮かび上がっては消えていき、そしてまたそんな時にふうっと素敵なアイデアが閃いたりもする。

ワイピオ(Waipio)渓谷までドライブ。昨日の午後と違ってお天気がよく、すれ違う車もぐっと少なくなった。ホノカアタウンを過ぎて二四〇号線を更に進んでいくと、渓谷の展望台に到着する。遥かな下のほうに入り江と、こちらに登ってくるリュックを背負った数人の若者たちが見えた。ここから向かい側のポロル渓谷まではほんのわずかな距離なのだが、切り立った断崖で遮られ、車で行くことは出来ない。島のこのあたりはコナからも遠いし、あまり観光客もやっては来ないようだ。断崖の上から、黒い砂浜と遠くにキラキラ光るきれいな滝の糸が見えた。

ワイメア

ホノカアからワイメアまでは一五マイル。六〇マイルで走ってきたら三十分もかからなかった。さっき珈琲を飲んだカフェーのあるホテルに泊まろうかとも思ったけれど、結局ワイメアまで来てしまった。Kインに泊まることにする。税込みで六五ドルだから、それほど安いというわけでもないのだが、コンチネンタルの朝食つきだと受付の浅黒い肌をしたおばさんが教えてくれた。こぢんまりとした可愛らしい宿ではある。

今日ぐらいのドライブがちょうどいい。ワイピオまで入れても百キロは走っていないはずだ。おととい、昨日とやや走りすぎて疲れてしまった。もう少しゆっくりするはずだったのに。

日本に電話をした。ハワイ時間一六時、日本は明日の一一時。コインでは通じず、クレジットカードを入れたら簡単につながった。テレフォン・カードよりこれは合理的だし、便利ではないか。近くのスーパーまでビールを買いに行く。そこからまた歩いて十分ぐら

ワイメアの教会

いのところに緑色のきれいな教会があり、一枚写真をとった。反対側にはマウナ・ケアが聳えて、青空を背に雲の切れ目から山頂の白い建物が見えていた。

ワイメアは高地のせいか、夕方ともなると流石に肌寒くなる。窓を開ければ冷たい風が吹き込んできて半袖半ズボンでは寒いほどだから、エアコンなど必要ないし、それどころか油断してると風邪を引きそうだ。どこか辺境の田舎町に迷い込んだような感じで、ここがハワイなんてほとんど信じられないほど。ラジオからは先ほどから古いジャズが流れ、私はずっと三、四十年も昔に戻ったような気分のままだ。

シャワーを浴びているうちに、気がついたらもう一九時を回っていた。時間は嫌になるほど早く過ぎ去っていく。人間の一生もきっとこんな速さで進んでいるはずなのに、それを意識することはほとんどない。

夕方、再びスーパーに酒を買いに行ったら、レジの女の子が男と何事かを話していてなかなか終わらない。どうやら小切手のようなものが使えるかどうかということらしい。だいぶ時間がかかって、やっとこちらの番になったら、十ドルほどだと思っていたワインとビールが一五ドル三十セントだという。カードで支払ってサインをしようとレシートを見ると、一本しか買っていないビールを半ダースで打ち込んである。「あなた、これ間違っているよ」と文句を言うと、どうも彼女は見習だったらしく、電話で主任を呼び出している。結局、レジを一部打ち直して、四ドル少々こちらに戻って落着。そして私の後にはまたまた客が長蛇の列をなしてしまった。でも、文句をいう人は誰もいなかった。ハワイの人は本当にエライ！

ワイメアは山あいのせいかラジオの感度が悪く、コナやヒロではなく時々ホノルルの放送が入ってきたりする。太い葉巻を手に、ワインを飲みながらベランダに出ると、天空に上弦の月が懸っていた。突然、季節は真夏から中秋に入り込んでしまったかのような錯覚に陥る。これで虫の音でも響いていたなら、さぞやノスタルジアにかられるだろうに。でも、日本に帰りたいという気持ちには全くならない。高原をわたる風のささやき、木々のざわめき、時折テラスがミシミシとゆれる音。いくら飲んでも、アメリカのワインはちっとも私を酔わせてはくれなかった。

テレビでは繰り返しダイアナ妃のメモリアル番組を放映していた。世の中には本当に幸薄き人がいるのだ。アメリカには皇室制度がないから、殊更ロイヤル・ファミリーに対する憧れが強いのかもしれない。あまり眠たくならないひんやりと落ち着いた秋の夜長。長い長い、いつまでたっても終わりそうにない、そんな小説を読んでみたい気分。

第三章　英雄カウェロ

一八九〇年に「金枝篇」の初版を出版したJ・フレイザーは、「力が衰えると殺される王」に関連して、少しばかりハワイの王殺しの慣習についても述べている。「一年間の統治の終わりに王を弑殺する慣習の名残がその年の最後の月にハワイで祝われることになっていた。マカヒティーという祭のうちに残存していたようである」。彼の説によれば、「衰弱の兆候が現れはじめた王は魂が害される前に殺害して、彼の魂を後継者に移さねばならない。神人(あるいは王)を老衰や疾病のため死んで行くに委せずして弑殺してしまう利益は、未開人にとっては疑問の余地のないもの」なのだ。つまり、未開人にとって王の魂が悪魔や魔法使いなどによって押さえ留められたりしたなら、自分たちの存在そのものが脅かされることになるのだから。

十八世紀末にロシアの航海家が記したという報告を孫引きする。年末に一か月間続くマカヒティー祭を、人々は踊り、遊戯、模擬の戦いで楽しみ、王はどこにいようとこの祭を催さねばならないのだ。

この時王は最上の衣装と冠を身につけ、カヌーに乗って海岸を漕ぎまわり、時としては多くの家臣がそれに随う。彼は早朝に舟を出して、日の出には航海を終了せねばならない。戦士たちのうちから最も強くて最も熟達した者が選ばれて、上陸して来る王を待ちうける。戦士は海浜でカヌーを見張っている。そして王が上陸して衣装をかなぐり棄てるや否や約三十歩の距離から彼をめがけて槍を投げつける。王はそれを手で受け止め、それに失敗すれば刺し殺されることになる。この仕事には演技的な気持など毛頭ない。王はそれを受けとめ、鋭い穂先きを下向けに腋の下に持ち、神殿すなわちヘアヴーに持って行く。王がそこに入るや否や集まって来た群衆は模擬の闘争を開始し、この目的のためにつくられた鋭い穂先きの槍の雲によって空は蔽いかくされてしまう。

(J・フレイザー「金枝篇」岩波書店)

ハワイの伝説的英雄カウェロの物語を載せておこう。ギリシャ神話のヘラクレスに似て、この話も何人もの勇敢な男たちがカウェロという名の下に一つに纏められたものかもしれない。カウアイ王であったマハマハイアが死ぬと「神聖なサメになって島の海岸を見守っている」など、やはり多神教である日本の産土神《うぶすなかみ》信仰とよく似ているではないか。(尚、物語は淡々と述べられてあまり具体的な説明はないので、ややわかりにくい箇所には少し言葉を補っている)。

カウェロの伝説集　W・D・ウェスターヴェルトによる

オアフ島とカウアイ島の伝説には多くのカウェロという名が出てきますが、木を槍として使った巨大な敵を滅ぼした強力で素晴しい戦士はただ一人だけでした。彼は系図に記載されている時はカウェロ・レイ・マクアの名で知られています。

カウアイ王であったカウェロの叔父カウェロ・マハマハイアの下で国は繁栄し、平穏でした。マハマハイアは死ぬと神として崇められ、人々は彼が神聖なサメになって島の海岸を見守っていると言っていたのですが、ついには石の神になったのだと思われていました。一つの先が頭で、反対側の先が尻尾、右側は赤く、左側は黒でした。後にカウアイ王となる彼の孫カウェロ・アイカナカはカウェロ・レイ・マクアと同じ日に生まれ、二人はどちらも良く知られていました。また同じ日には、カウェロの個人的な敵となるカウアイ島の大男カウアホアも生まれたのです。三人の少年たちは子供の頃祖父母に連れられてワイルアへ行き、お互いに近くで別々の世話人に育てられていました。

伝説には、カウェロの長兄であるカウェロ・マイ・フナはイイパ（体つきは貧弱だが奇跡的な力を持つ）であったという話もあります。この子が生まれると、使用人たちはタパスシートで包んで埋めてしまおうとしたのでしたが、その時、激しい嵐となって鋭い稲光と雷鳴がとどろき、強風が家の周りを吹き抜けたのです。そこで彼らは包みを小さなひょうたんに入れて羽のマントで覆い、家の屋根に吊るしました。やって来た祖父母は、この子の素晴しい将来を予言しました。父親がひょうたんを下ろし始めると、赤い羽根の雲が渦を巻いて上の角すべてを隠してしまいました。老人たちは頭を下げて呪文を唱え、雨粒が森の木の葉に落ちる音が聞こえて、扉の上に虹がかかりました。美しい緑色の鳥(エレパイオ)の声があたりに聞こえ、ネズミが屋根の茅葺の上を走り回りました。その時、老人たちが言いました。「この子はイイパになった。人間か鳥か魚かネズミの姿で現れるだろう」

カウェロの後に他の子供たちが生まれました。最後に生まれたのは忠実な弟のカマラマです。カウェロの世話をしてくれた祖父母は、ハワイ人の考え方や呪文、そして魔法を教えてくれました。彼らは最良の食物が育つ場所を目指して頻繁に内陸へ行き、いつも大きなひょうたんにポイ(タロイモをパスタ状にしたもの)やその他多くの食べ物を詰めて、沢山食べられるようにと考えていたのですが、でも、食べ物はいつもすぐに食べ尽されてしまいました。

祖父母はカウェロに何もさせず放っておくよりは運動をさせる方がよいと思って、使用人たちと森へ行き、カヌーを作ったのです。何日も経って仕事が終わると、食事の準備に戻ってポイを作り、色々な食料がオーブンに入れられて調理されました。するとその時、森を裂く強風のような音がして、沢山のネズミの声が聞こえてきたのです。すぐにみんなは森にカヌーを見に行ったのでしたが、もうそれは消えていました。そして、再び彼らが食事をしに家に戻ると、料理はすべてなくなっていて、それらを包んだ葉だけがオーブンに残されていました。カウェロは祖父母に、「ネズミのひげを生やした小人たちがカヌーを川まで運び、料理を全部食べてしまいました」と言ったのです。その時、他よりも一段と大きな小人が彼に呼びかけました。「カウェロ、君のおもちゃであるカヌーはここにあるよ」

カウェロは川に下りて行きました。毎日、朝から晩まで一日中漕いで川を上下すると、漕ぐたびごとに力が増し、カヌーの操縦で島一番と名声を博するまでになったのです。

他の少年たちは、ボクシング、レスリング、やり投げ、腰割り、その他の運動競技などの技能競技で注意深く訓練を受けていました。でも、カウアホアはカウェロのカヌー遊びに焼き餅をやいて世話人に何か作って欲しいと頼んだので、彼らは凧(pe-a)を作ってその子に渡しました。カウェロは凧について尋ね、数日後には同じものを作ってカウアホアの凧の横で上げたのです。彼が糸を放つと、空の遥か上まで上がり、この美しいものを見た人々の歓声が大きく聞こえました。その凧は凧はグンと高く上がり人々は大歓声を上げました。カウェロはどんどんカウアホアに近づき凧をゆっくりと引き下ろし、すぐに放しました。凧は左右に飛び跳ね、カウアホアが持つ凧に糸を絡めて壊し、凧は森の彼方のカフー・レイナ・ペア(凧が落ちる所)と呼ばれる場所へ飛ばされてしまったのです。カウアホアはとても怒ったけど、カウェロは「風のせいだ」と言ったので、どうしようもありませんでした。

その後、祖父母はカウェロにボクシングやレスリング、そして槍の使い方を教えました。こうして少年たちは成長するにつれて敵意も強くなったのです。

しばらくしてカウアイ王が亡くなると、アイカナカが次の王になりました。

伝説によると、ネズミ(これはイイパになったカウェロの兄弟カウェロ・マイ・フナかもしれない)の警告に従って、カウェロと祖父母はオアフ島に逃げたということです。カウェロの力強いひと漕ぎでボートは波を飛び越え、マロロ(トビウオ)のように海の上を飛んでいきました。王様の配下のネズミたちはカヌーの中に隠され、新しい棲み家に運ばれました。カウェロの兄と両親はしばらくの間、アプアケハウ川のウルコウ近くにあるワイキキビーチに住んでいたのでしたが、祖父母はカウェロとカマラマを連れて内陸に行き、タロイモ畑や自分たちの耕す畑のある綺麗な場所を見つけたのです。

彼らが浜辺にやって来た時、一人の若者が水の中に入ってカヌーを岸に上げようとしていました。カウェロは彼を呼び止めて、養子として家族の一員にしたいと言ったのです。少年の名は、ティという葉を意味するカラウメケでした。少年は、自分は見た目ほど強くはないと言いました。ひげの長い小さな人々によく助けられていたというのです。少年が本当に強かったのは槍投げと棍棒による格闘技でした。さらにカウェロは、カラウメケ少年と同じエワ出身のカエレハという若者も呼び寄せて、家族に迎え入れたのです。彼らはしばらく一緒に住んで、ワイキキビーチの裏側(現在、王家の土地がある場所)を耕作していました。

ある日、ビーチでスポーツ観戦の歓声と手拍子が聞こえてきたので、カウェロは見に行きました。彼の兄弟たちはボクシングとレスリングのあらゆる技に通じてとても強かったのですが、ハレマノ出身の非常に強い男を倒すことができず、カウェロがその猛者に挑戦することになったのです。兄たちの嘲笑にカウェロは耐えていました。屈強な男はカウェロよりずっと大きくて背も高く、自慢の言葉を口にしました。「ハレマノのコア(koa 兵士)は強いぞ。コナ(風)だって屈服させることはできないのだ」。カウェロは「マウナ・ワイアレアレ(とどまることなき流れ)はマウナ・カーラ(沼地に棲む水鳥)を追い出してやるぞ」と自慢げに応答したのです。すると、屈強な男は「俺が『手を振れ』と叫んだら、戦闘開始だ」と言いました。この言葉と共に彼は突進してカウェロを攻撃し、その体を折り曲げたのでしたが、倒すことはできませんでした。それどころか、あまりにも強力なカウェロの打撃に、その強いはずの男は倒されて死んでしまったのです。カウェロは、彼の遺体をワイアナエのヘイアウ(ルアルアレイ寺院)で神々への生贄としてオアフ王に渡しました。そこは首長カクイヘワの非常に古い寺院であったと言われています。

カウェロの兄弟たちは、自分たちのできなかったことを弟がやり遂げたのを見て非常に悔しがり、恥ずかしくて両親と共にカウアイ島へ戻ってしまいました。

オアフ王はカウェロに土地を与え、祖父母は彼にしっかりした茅葺の家を建ててくれたのです。カウェロは高いタブーを持った首長だったので、カフナ(祭司)たちは彼が自分の手でそれを終わらせなければならないと言っていました。彼は赤と黄の美しい鳥の羽を使ってそれを実施しようと考えながら横になり、目を覚ますと、兄弟のネズミが奇跡的な力で屋根全体を赤と金の美しい羽根で飾り付けていたのを見たのです。オアフ王はこの素晴しい場所を見に来て祝福し、そこからタブーを取り除いて完全にカウェロのものになるようにしました。それは王自身のものよりも美しかったのです。

カウェロはフラダンスを学んで、「偉大なフラの首長」と人々が呼ぶようになるほど、すべてのフラの集まりに出席して島中を歩き回り、カネオへの村で、美しい女性カネ・ワヒネ・イケ・アオハに出会ったのです。彼は彼女と結婚し、フラダンスをやめて家に戻ると、槍や棍棒を使った戦いの技術を学びました。彼の妻の父ほど強くて上手な人はいなかったので、カウェロは妻を送って、父親に戦における棍棒での戦い方を教えてくれるように頼んだのです。妻は父を説得し、カウェロは槍も棍棒もうまく使えるようになるまで何日も一緒に練習しました。

この後、カウェロは良い漁のために必要な祈りや呪文そして捧げものについて学ぶと、漁師を連れて、オアフ島の人々を長いこと恐れさせてきた巨大な魚ウフマカイカイと戦うことにしました。この巨大魚はクプア(つまり魔法の魚)で、とてつもなく大きな力を持っていたのです。ワイキキから出航すると、カウェロはカヌーをひと漕ぎでコウ(ホノルルの古代の名)に到着させました。さらにひと漕ぎでワイアナエに行くと、彼は深いところまで届く丸網を使って岸から遠くの海までの漁を開始しました。捕まえた魚に重りをつけてゆっくり泳がせると、他の魚が侵入者を追い出しに来るので、その周りに網を張るのです。しかし魚は沢山かかったのに、肝心の巨大魚ウフマカイカイは現れずに、それでも激しい嵐を送って、カヌーを陸に追いやってしまいました。そしてカウェロがパドルでカヌーを支えていた時に姿を現したウフは、舟をひっくり返そうとしたのです。

カウェロと漁師はウフのあらゆる動きを注意深く観察しながら、必要に応じて舟のバランスをとっていました。水中の網は口が開いて、全長が舟のはるか後ろの方に引きずられています。ウフはそうしたあらゆる動きを馬鹿にしたように網の周りを泳ぎ回っていたのでしたが、カウェロが網を横に払うと、巨大魚は自分の方が網の中で泳いでいることに気づいたのです。彼がウフマカイカイを完全に網に囲まれるまで素早く前の方へ押し込もうとすると、巨大魚との信じがたい戦いが始まりました。波は舟の周りに高く打ち寄せ、カウェロと漁師が懸命に舟の排水をしていた間に、ウフは青い水の中へ素早く泳ぎ出してしまったのです。漁師はカウェロに、網を繋いでいる紐を切るようにと頼みました。彼らは、遥かかなたにある一番遠いニイハウ島へと出かけて行き、ウフが捕われている網の中で、凄まじい争いを目撃しました。網の中にいたおびただしい数のひげのある魚が巨大魚に襲い掛かってまるでネズミのように噛みつき、その肉に歯を食い込ませていたのです。カウェロが呪文を唱えると、巨大魚はどんどん弱って、ついにはもがかなくなりました。そこで彼は力強いひと漕ぎでオアフ島へと戻ったのです。

一方、カウアイ島に行っていた兄弟たちと両親はアイカナカ王とその仲間であるカウアホアの迫害を受けて、とても窮地に陥っていたので、ついに母親は兄弟たちをカウェロのいるオアフ島へと送ったのです。彼らがワイキキへやって来たのは、カウェロがウフマカイカイを殺しに出かけている間でした。末の弟カマラマが彼らを迎え、カウェロを捜すために二人の使者を送りました。

カマラマはカウェロの神々たちの名だけではなく、訪ねてきた兄弟たちの名も聖歌で唱え、彼らに名前のことを覚えておくように命じたのです。さもないと大変なことになると。みんなは海の上を漕いで、時々、カウェロの名を繰り返し呼び続けましたが、突然、高波が彼らのカヌーを転覆させて、みんなは荒れ狂う海の中で奮闘することになってしまいました。すぐに彼らは巨大魚を連れたカウェロがカヌー近くに来るのを見つけ、「おお、カウェロ!」と叫びました。「俺たちは、カウアイ島から来たお前の友達の名を知っていたのに、この水の中のトラブルで忘れてしまったのだ」。それからカウェロは、兄弟たちの名とタブーの神々の名を唱えながら聖歌を唱えました。神々の名を口にすることができるのは、ただその神々に属している首長だけなのです。カウェロが神々の名を話し出すと、二人の男たちが叫びました。「あれが男というものだ。クカ・ラニチュ(最高位のブロンドのクー)が彼らの神なのだ」。カウェロは、普通の人が自分の神の名を冒涜したことを非常に怒って、パドルを海に深く突き刺して珊瑚礁を引き裂いたのでしたが、巨大魚がそこに引っかかって、それ以上漕ぐことができなくなってしまいました。その間に、彼らは急いでボートを漕いで浜辺へと逃げて行ってしまったのです。その後、カウェロは捕まえた巨大魚ウフマカイカイの一部を切り取って、ワイアナエの神殿に生贄として捧げ、残りはワイキキの人々に持ち帰りました。

彼は海岸に近づいた時、槍投げの者たちに浜辺へ迎えに来るようにと呼びかけました。彼が上陸すると、七人の熟練した者たちが彼の前に立っていました。彼らは一度に彼に向かって槍を投げたのでしたが、彼は器用に身体を左右に動かすと、マロ(ふんどし)を槍の周りに投げつけてまとめて捕まえてしまったのです。それから彼は養子にした二人の少年たちを呼んで、槍を投げさせました。二人はとても巧みに操ったのですが、カウェロは彼らの槍を片手で掴み取ってしまったのです。カマラマは二本の槍を持ち、カウェロの妻は手に釣針と糸を持って傍に立ちました。そして槍が傍を飛んでいくと、彼女は釣針を投げてそれぞれの槍を捕まえたのです。

アイカナカ王とカウアホアがカウェロの一家を迫害したカウアイ島の出来事は、すぐ噂になりました。オアフ王は大きな二人乗りカヌーを用意してくれました。カウェロは義父から戦い方を学んだ棍棒と槍を手に入れて、アイカナカとカウアホアたちと戦うためにカウアイ島へ戻ろうとしていたのです。たくさんの食料が積み込まれた船はヘイアウ・カマイレ(後にカネ・イ・カ・プア・レナ:「黄色い花のカネ」と呼ばれた)に立ち寄って、生贄を捧げました。いくつかの伝説によると、マカハにあったこの寺院の名は「カネ・アキ」だったそうです。このカネもカウェロの神の一人でした。

アイカナカ王の本拠地であるワイルアに近づいた時、カウェロは部下たちに自分の体をマットに縛り付けさせて、死んだふりをしていたという話もあります。浜辺はすでにアイカナカの戦士たちで埋め尽くされ、二人乗りカヌーが浜辺に来ると、人々は攻撃の準備を整えました。しかし彼らは侵入者が上陸して戦闘の準備ができるまで手を出しません、というのも、それは昔からいつも人々に要求されていた仁義だったからです。すべての準備が整ってカマラマは死んだふりをしていたカウェロの傍に立つと、コードを引っ張りマットを緩めました。

カウェロは棍棒と槍を手に立ち上がると群衆に向かって突進し、彼の左右の強打で人々はつむじ風に吹き飛ばされる木の葉のように倒されました。

新たな戦士たちが再び急いでやって来ると、カマラマと七人の槍兵、そして二人の養子たちが戦って、彼らをアイカナカ王が本陣を構えていた崖下まで追い返しました。

二人の気高い首長がアイカナカ王に大規模な二兵団(一二四〇〇人)を要求していましたが、カウェロと少数の助っ人たちは大量虐殺を行ったのです。こんな風に何人もの大きな兵士たちが殺戮されると、アイカナカは気持ちが冷え切り、恐怖を覚えました。

その後、島一番の軍杖の使い手であったカハカロアが蜂起して、二百人の戦士と共にカウェロたちと戦いました。カウェロの義父はカハカロアを良く知っていたので、息子がカウアイ島で彼に殺されてしまうのではないかと恐れていたのですが、しかし、カウェロはこの島ではまだ知られていなかった棍棒の打撃法を学んでいたので、すぐに戦士たちはことごとく殺されて、カハカロアは一人でカウェロに立ち向かうことになりました。二人が対峙すると、先に素早く相手を殴りつけたのはカハカロアでしたが、カウェロが倒されながらも棍棒を上に向かって打ち付けたので敵の腕は折れ、次にはカウェロの素早い強烈な打撃で殺されてしまったのです。

次には、カウアイ島で最も強く背も高く、そしてあらゆることに通じていたカウアホアがカウェロに立ち向かうために出てきました。戦うために、魔法の木の根と幹と枝とで作った棍棒を手に入れていた彼は、子供の頃のカウェロとのトラブルをまだ覚えていて、心の中は依然としてその怒りでいっぱいでした。大勢の死者たちの前を通り過ぎた彼は、怒りに我を忘れてカウェロに突進していきました。妻を脇に立たせていたカウェロは、彼女の強力な釣針と釣糸を使って大きな木の枝をしっかりと固定しました。いくつかの伝説が伝えるところによると、妻はピコイ（真っすぐで、やや重たく、真中に紐が強く巻き付けられた棒）の使い方がとても巧みだったそうです。彼女はピコイを枝の上に投げて、紐をぐるぐる回してねじり、枝に絡ませて木を片側に引っ張ることができました。カウェロは戦士たちに、枝の間から差し込む日光の斑点を観察せよと命じました。木が彼らの上に強く投げつけられたなら、広い場所へ飛び込んで行って、枝を掴んで押さえつけるのです。大男カウアホアが異様な戦闘棍棒で攻撃していた間、カウェロの友人たちは彼の指示に従っていました。一方、カウェロはカウアホアが木の側で身をかがめていた隙に、横へと飛び跳ねて後ろに回り込み、棍棒を使って凄まじい力で打ちのめしたので、カウアホアは打ち砕かれてコアの木の横に倒れました。

カウェロが大男の敵と戦いを繰り広げたのは、カウアイ島のどこかの海岸沿いだったようです。

彼がアナホラ山の尾根に槍を突き刺すと、それは山を貫き、常に空が見えるほどの大きな穴を残しました。

アイカナカ王はハナペペ近くへと逃げて、貧しい生活を送っていました。カウェロはカウアイ島の地区を戦士たちに分割し、アイカナカを保護している地区は、カウェロの養子カエレハが譲り受けることになりました。しかし彼はやがてアイカナカ王の娘と結婚すると、再びアイカナカに島を統治してほしいと考えるようになったのです。反乱を企てたカエレハは、カウェロを倒すことができるとアイカナカに言いました。というのも、カウェロは棍棒と槍には巧みだが、石を使う戦には慣れていないというのです。彼らは女、子供に、カウェロに投げつけるための大きな石の山を集めるようにと命じました。

この反乱を知ったカウェロは非常に腹を立てて、戦闘棍棒「クイカア」(「成功」の意)を掴み取るとハナペペへと急いだのです。彼が近づくと、人々がカヌーでバリケードを築き、その後ろには戦士たちが守る沢山の大きな石の山を見ることができました。クイカアを振り上げながら彼が敵に飛びかかろうとすると、投石器が彼を直撃し、それから石が豪雨のように降り注ぎました。彼はひらりと避けたものの、その数はあまりにも多く、一つを避けても別の一つがぶつかってきました。あまりにも強烈な石の雨で打撲傷を負った彼は、意識を失って地面に沈み込んでしまったのです。喜んだ人々は彼の死を確実なものとするため更に石を投げ落とし、彼の体が冷え切って息をしている気配がなくなってしまうまで棍棒で殴りつけました。

アイカナカ王はコロア地区のマウリリに新しいヌウ（ヘイアウ）を建てたのですが、その祭壇には生贄として捧げられた人がまだいなかったので、カウェロを最初の人身御供にしようと考えました。人々がカウェロの遺体を寺院の外側の囲いまで運んで来た時はもう暗くなっていて、みんなは遺体をバナナの葉で覆うと、帰っていきました。次の朝、それは祭壇の上で腐敗するまで安置されるべきだというのです。

任命されていた二人の監視員のうちの一人はカウェロの近親者でした。すぐにカウェロが死んではいないことに気づいたその監視員は、翌朝カウェロを祭壇に飾る予定であることを彼に告げると、戦闘棍棒クイカアを側に置いておきました。朝になって首長と他の人々がアイカナカ王とカエレハを連れてヘイアウへやって来た時、監視員の合図でカウェロは攻撃を開始して、反乱を起こしたすべての人々を徹底的に滅ぼしてしまったのです。（伝説の中には、「アイカナカ王がカウェロを生贄台に置いて、朝に祈りを捧げ始めた」というものもあります。死体を神に収める際、カウェロは自分の祭壇の前で彼を打ち殺しました）。

反乱が平定されると、カウェロは良い土地のある広い地域を友人となった監視員に与え、ハナマウル地区に住む両親の世話は弟のカマラマに任せることにしました。

自分の権利として島全体を統治し、地域から地域へと渡り歩いて平和と繁栄を確立したカウェロは、ハナに家を作って畑を耕したり、漁をしたり、誰にも迷惑をかけることなく、誰からも愛されました。こうして彼はカウェロ・レイ・マクア（Kawero-lei-makua）という名誉ある名前を得ました。

それは「カウェロのレイ、あるいは彼の両親の栄冠」を意味しているのです。(The Legends of Kawero: By W.D.Westervelt.: More Hawaiian Folk Tales. 拙訳)

奇跡的力を持つイイパとなったカウェロの長兄マイ・フナは、陰に陽に(ネズミの姿をとって)自分の弟を見守っていたのだ。大自然に包まれて暮らしていた昔の人々が、自分たちがそこから素晴しい恩恵を受けていると感謝していたのは良く理解できる。昔のハワイアンたちが、雨や風や雲、そして虹といった自然現象を精神性と強く結びつけていたことも、いくつもの神話からよくわかるだろう。自然界のすべての存在は魂を持っていて、人間もその一部にすぎないと考えていたのである。私は昔、熊野古道を歩いた時に似たような感覚を味わったのを思い出す。深い森に包まれた荘厳な雰囲気の漂う神社周辺では、目には見えないけれど、「何かが存在している」という感覚がずっと離れなかった。

(残念ながら本のタイトルは忘れてしまったのだが)十九世紀、アメリカインディアンのある大酋長は大自然と対話することができて、常に伺いを立てて物事はすべて滞りなく運んでいたという。恐らく、大自然の「目には見えない何か」の声を聞くことのできる人が本当に存在するのではないだろうか。

「未開人にとっては、この世界全体が生命ある存在で樹木や植物も例外ではなかった。未開人は、樹木や植物にも人間と同じように霊魂があると考え、人間と同じように扱っていた。(中略)オークの木が倒れるとき、『まるで木の精霊が嘆いているかのように、一マイル先でも聞こえるほどの叫び声や呻き声を発する。E・ワイルド氏は何度もそうした声を聞いたことがある』という」（J・フレイザー「金枝篇」樹木崇拝）。

更に私に思い出されるのは宮澤賢治の不思議な童話「狼森と笊森、盗森」の中で、農民たちが森と対話する場面である。現代のコンピューター社会を生きる我々から、自然に対する畏敬の念がどんどん失われていくのを末恐ろしく感じているのは、きっと私だけではないだろう。

（森へやって来た四人の百姓たちは、すきな方へ向いて声を揃えて叫ぶ）。

「ここへ畑起こしてもいいかあ。」

「いいぞお。」森がいっせいにこたえました。

みんなはまた叫びました。

「ここに家建ててもいいかあ。」

「ようし。」森は一ぺんにこたえました。

みんなはまた声をそろえてたずねました。

「ここで火たいてもいいかあ。」

「いいぞお。」森は一ぺんにこたえました。

みんなはまた叫びました。

「少し木い貰ってもいいかあ。」
「ようし。」森はいっせいにこたえました。
（「宮沢賢治童話集」⑧ちくま文庫）

海岸に戻ったカウェロが唐突に自分に向けて槍を投げさせる場面には何の説明もないのだが、王（や英雄）は常に「強いことを人々にわからせなければならない」というフレイザーの解説を思い出すと納得できるのではないだろうか。

英雄カウェロ・レイ・マクアとカウェロ・アイカナカ、そしてもう一人のカウアホアとは三人そろって同じ日に生まれ、宿敵となる運命であった。兄弟や従弟といった身近な存在が「骨肉の争い」を繰り広げるとはよく耳にする話である。カウェロは養子にした息子カエレハの裏切りにあい、石に打たれて倒されてしまう。投石器は弓矢のほぼ倍の四百メートルほどの射程があり、初速は時速百キロを超すものもあって、それは人体を貫通するほど強力であり、鎧を付けた兵士の内臓をも損傷させる恐ろしい武器なのである。

投石器で敵の大男ゴリアテを殺したのは旧約聖書「サムエル記」に登場する羊飼いの少年ダビデだったが、現在でもパレスチナの若者たちはイスラエルの戦車に対して同じ武器で抵抗を続けているそうだ。

カメハメハ大王

十八世紀末までハワイの島々はまだ一人の王によって統一されてはおらず、強い権力を持った何人かの王たちによって分割統治されていた。

（当時は）王を頂点とする階級制度が発達し、土地を分け与えられた貴族階級（アリイ）、さらに分割された土地を管理する首長（コノヒキ）、その下で農業や漁業に従事する平民階級（マカアイナナ）に分かれていた。また、貴族や平民のほかに、祈祷や占いなどをしたり、特別な儀式をつかさどったりするカフナと呼ばれる専門家集団もいた。カフナはカプ（禁忌）制度が厳格に遵守されるよう監視する責務を負っていた。（「ハワイの歴史と文化」矢口祐人、中公新書）

全ハワイ諸島の支配者であったカメハメハ大王（King Kamehameha）は、偉大な軍人であった。元々ハワイ島コハラの酋長であった家系の出で、生年ははっきりしないものの、没したのは一八一九年だ。彼の墓は秘密にされたので、今もわかっていないという。その状況はユーラシア大陸の覇者ジンギスカンにそっくりではないか。もしジンギスカンの墓が見つかったなら、世紀の大発見になるだろうといわれているほどである。

カメハメハの骨の行方は今日まで明らかでない。一八二二年に来訪したイギリスの宣教師ウィリアム・エリス師はカメハメハの骨は二世のリホリホが一八二四年のイギリス訪問の時に持っていったと推測している。しかし多くの研究者はカメハメハの骨はハワイ島のどこかに埋葬されたと考えている。埋葬というよりも、ハワイ島に無数にある溶岩洞窟のどこかに安置されたといった方が正しいだろう。古来、ハワイの首長たちの多くがこのような方法で葬られているからだ。

しかしその場所を公表することは死に値する不遜な行為として埋葬に関わった者たちは以後口を閉ざした。（後藤明「カメハメハ大王　ハワイの神話と歴史」勉誠出版）

ハワイ人は、人間は死ぬと人間の衣を脱いで、スピリットの世界へ行くと信じていた。肉は滅んでも残る骨は神聖なものであり、そこが霊（精神）の住処なのである。だから骨が壊されると、魂は自分の行き場を失うと恐れられ、それをいかにうまく隠すかが大事なことだったのである。

さて、初めてハワイ全島を統一した偉大なる王カメハメハが生まれた時、ココイキという星が夜空に上がったという伝承がある。「ココイキとは北コハラのモオキニ神殿近くの地名である。この星はまっすぐこの地の上に上ったのでその名称が付けられた」（「世界の神話　英雄事典」河出書房新社）。クックがハワイにやって来た当時、ハワイ諸島はまだ三人の王によって分割統治され、カメハメハはその中の一人の王カラニオプウの甥であった。彼は王の死後、その息子と争ってハワイ島を手中に収めたのである。

若き日のカメハメハについての記述がある。

一七七八年の冬、ハワイ島では、島の目利きとされるカラニオプウ王が一行を引き連れてカヌーで（クックの船）〈リゾリューション号〉に乗りつけ、王からの捧げものとして赤と黄と黒の羽でつくられたマントと神像をクックに献じた。現在、そのほとんどは大英博物館に所蔵されている。王の一行のなかに、力が強く寡黙な青年として知られた若い日のカメハメハがいた。カメハメハは「めったに笑わず、ほかの男が夢中になった競技にも没頭しなかった。数人の友人だけが彼のなかに眠る偉大な力を知っていた」（スザンナ・ムーア「神々のハワイ」早川書房）

カメハメハ大王（Hawi）

ハワイ島に残っていたカメハメハの反対勢力が、突然の火山噴火で全滅してしまったという出来事も、神がかり的な彼に対する人々の支持が大きくなった一つの理由であっただろう。一つのことを成し遂げようと頑張る人間には、運も味方するということだ。

ところで、カメハメハ大王は実在した人物だから、彼についての話は本来神話ではなく、伝説というべきものである。伝説とは、大昔から現代までの異常な出来事や英雄について語る物語であり、神話とは違って世界の成り立ちや人間存在を基礎づけるような本質的意味合いはもたないものだ。それは過去に起きた重要な出来事を事実として語り、人々に信じるようにと促すのである。したがって、話にまつわる地名や遺跡などが残っている場合も多く、その意味ではたぶんにローカルな話であり、神話や昔話のように形式が整っているわけでもない。しかし古代ギリシャのエウヘメロス(紀元前三〇〇年頃)が主張したように、「神の起源は王や英雄など、功績の大きかった人間だったはず」という合理的解釈を肯定するなら、カメハメハの物語も神話の一部として取り入れてもいいのかもしれない。尤も、エウヘメロスのこの解釈(euhemerism)は、後世のキリスト学者たちに「異教の神々がいかにつまらぬものであるか」の証明に役立ってしまったということではあるのだが。

カメハメハの話を続けよう。一七八二年から彼は、マウイ、ラナイ、モロカイそしてオアフの島々を支配下に収め、白檀貿易を独占したり、港湾税を徴収して王国の財源を確保し、伝統的な宗教制度も保持したのである。巨漢で温厚な性格、そして知性にあふれていたという。

ヨーロッパ人が来てからは、ハワイ島の王カメハメハ一世が、彼らから購入した銃と船を使って、まずマウイ島を、ついでオアフ島を征服して急速に統一を進め、最後まで残っていたカウアイ島への侵攻を準備したが、カウアイ首長が最終的に交渉のテーブルについた時点でハワイの島々は統一されている。

（J・ダイアモンド「銃・病原菌・鉄」上巻）

カメハメハには夥しい数の敵がいたので、襲われるのを恐れ、決して同じ場所に長く留まることがなかったようだ。「プウコハラ(Puukohala)の地に神殿を建てれば、ハワイ全島を支配できる」との予言を得た彼は、一七九一年に巨大な神殿を完成させ、最大のライバルであったケオアウ・クアフウラを招いて平和を呼びかけたのである。しかし大王が平和主義者でヒューマニストであったと思ったら大間違いで、これは彼の計略であった。やって来たケオアウ王と家臣たちはカメハメハの兵士たちによって殺され、王の遺体は神殿に捧げる生贄として供えられてしまった。

やはり、天下を統一しようとする者は権謀術策に長けていなくては、ちょっとやそっとのことでは生き延びることはできないのであろう。（池澤夏樹「ハワイイ紀行」によれば、二百年後の一九九一年八月十七日、同じ神殿でケオアウ王の子孫も招いて、和解と統一の儀式が行われたという）。

「騙し打ち」で、私がすぐに思い出すのは「ドイツ伝説集」の中のザクセン人たちのエピソードである。伝説によると、ザクセン民族はその昔アレキサンダー大王の軍に加わり、大王の死後はテューリンゲン族の住んでいたエルベ河口へ戻って来たのだが、そこで両者の間で長い戦いが繰り返されることになったのだ。

両軍とも長いこと激しく争って、テューリンゲン族が敗れた後、双方ともある決められた場所で、武器を持たず新たな平和のために協力することで意見が一致した。しかしザクセン族の場合、アンゲル族がまだしているように、大きなナイフを常に携えているのは昔からの習慣なので、彼らは会合にも衣装の下にそれを隠して行ったのだ。

ザクセン人たちは自分たちの敵が無防備で、彼らの君主が全員揃っているのを見て取ると、全ての領土を我物とするにはまたとない機会だと思って、いきなりナイフでテューリンゲン族たちに襲い掛かり、彼ら全員一人残らず殺してしまった。

これによりザクセン族は大いなる名声を得、隣接した民族たちは彼らを恐れ始めた。多くの人がザクセンの名前をこの出来事に由来していると思っている。何故なら、彼らの言葉ではナイフをザクセと呼ぶからである。

（拙著「まだあるグリムの怖い話」東京堂出版）

まさに勝てば官軍であり、負けた側が相手を「卑怯だ」とか「汚いやり方」とか言ってみたところでどうしようもない。それでも命が助かればまだしも、全員が滅びてしまったなら、そもそも敵を罵ることすら出来ないではないか。これは軽々に敵を信頼してはいけないという教訓である。

プウコハラ・ヘイアウはコナから一九号線をひたすら北上し、カワイハエで突き当たったT字路を二七〇号線へ左折して、すぐまた左手のとても見晴らしの良い海のそばにあった。周りには何もないし、道路から駐車場に車を入れてもカメハメハ大王のシルエットが描かれたPUU KOHALA HEIAU NATIONAL HISTORIC SITEという看板があるだけなので、うっかりすると気づかずに通り過ぎてしまいかねない。

プウコハラ・ヘイアウ

小さなインフォメーションセンターの中に、ヘイアウ(神殿)が昔どのように使われたかを示すイラストや、島におけるその位置、また正装をした大王の絵などが展示してあった。羽で出来たケープと三日月形の冠をかぶった大王は、人間の舌の形に加工された鯨の歯のペンダントで束ねられた黒い襟巻きをしている。先祖の髪の毛で出来ているそれは威光ある者の象徴なのだという。

センターを出て右の小道を下っていくとすぐ、枯れ草だらけの小高い丘の上に真っ青な空をバックに石造りの大きな神殿が見えた。その向こうからは白い雲が魔法のようにもくもくと湧き出しては、強い風に流されていく。元々の神殿は火山による地震で崩壊し、今あるのは一九二八年に再建されたものらしい。神殿とはいってもしかし、下から見上げた限り平たい台形をしたただの石垣にしか見えなかった。

日付をつける際、はて今日は何日だったかと考える。新聞も読んでないし、日本がどうなっているのかまるでわからない。CNNニュースでも日本のことなどほとんど取り上げることはない。今日がダイアナ妃の命日なのか、テレビでは繰り返し彼女の特集を流している。人をひきつける華があった彼女が、彗星のごとく現れて突然に逝ってしまったが故に人々の驚きと悲しみもまた大きかったのだ。

この頃、真夜中トイレに起きる嫌な癖がついてしまった。あたりは何の物音もなく静まり返っていたのに、四時ごろ寒くて目覚めた時は強い風のざわめきが聞こえていた。棚から毛布を一枚引っ張り出して掛ける。つまらない夢を次から次に見ていた。

何故か、十年以上も前に死んでしまった父とドイツ旅行をしている。

ベルリンとおぼしき町でバスを乗り換えねばならず、なかなか目指すバスが見つからないので父の顔は少しこわばっていた。やっと乗ったバスは旧東ベルリンの狭い石畳の道路を結構なスピードで突っ走り、危なっかしいといったらない。戦後二十数年も経つというのに、町にはまだ銃弾の跡や砲撃による瓦礫の山があちこちに見られた。

気がつくと、町行く人たちはみな中世のコスチュームだ。ある博物館前でバスが止まり、入口へいく途中に五、六段の大きな石段があった。私が一段づつ下りていくと、上から一気に飛び下りた父は、地面に足がついた途端、まるで煙のごとく消えてしまった。

浅い眠りが続いた後、七時少し前に起きた。風の強い朝だ。肌寒いので長ズボンをはく。三十分ほど後散歩に出ると、月曜日の仕事始めのせいか、コナ方向へは車が数珠繋ぎ。こんな小さな町でこれほどの大渋滞になるとは思いがけないことだった。子供たちも二、三人づつ一緒に学校へと歩いていく。近くにある小学校は二階建てのモダンな校舎で、各学校によって校舎のデザインがそれぞれに違っているのが面白い。

それにしても日本の公立学校の校舎は、どこもかしこもどうしてあんなに均一的で無味乾燥なのだろう。個性の尊重を謳いながら、実際にはむしろ子供の個性を潰していく教育を象徴しているようにさえ見える。

ワイメアの一九号線から二五〇号線のコハラマウンテン・ロードへ入り、景色のいい曲がりくねった道をハヴィ(Hawi)までドライブ。この町がカメハメハ大王生誕の地で、二七〇号線に出て少し走っていくと、こじんまりした地方裁判所の前にその銅像が立っていた。ホノルルにある大王の銅像は、こちらをコピーしたものだ。幾何学的な形をした大きな木の下に広がる涼しい木陰にはベンチが置かれ、強い風に星条旗が元気に翻っている。それにしても、まるで人影のない場所ではあった。

カメハメハの話を続けよう。ヒロの町の謂れについて語られている。

ワイルク(Wailuku)川の河口近くで野営していた時、カメハメハはちょっと川を遡ったところに住んでいる親友を訪ねようとした。一人で出かけることにした彼は、その前に家来たちに、自分のカヌーをよく見張っているようにと申し渡したのである。

しかし王はなかなか戻らず、不安になった家来たちは捜しに行くことにしたのだ。彼らは川を少し遡っただけで、無事な姿で戻ってきたカメハメハに出会った。

王は自分のところへやって来た家来たちに問いただした。「私のカヌーはどうした？　お前たちはそれを見張っていると約束したではないか。今頃はもう外海へ流されているか、盗まれているかもしれぬぞ！」と。

「我々はカヌーをタイの木の葉で作ったロープで結んできました。」と彼らが答えると、

「タイの木の葉のロープだと！　そんなロープの作り方を知っているのはただワイピオ(Waipio)の人間のみじゃ。お前たちどうやってそんなことを覚えたのだ？」

「私はそのワイピオの出身なのでございます。」とみんなにロープの作り方を教えた男が答えた。

「結構なことだ。よし、それではこれからこの場所をヒロ（Hilo）と呼ぶことにいたそう」

ワイルク河口にあるこの町は、その日以降ハワイ人たちに「捻れる」という意味の「ヒロ」として知られるようになったのである。


お天気があまりパッとしない。雨は降らないけれど、強風で雲の流れが早く、空はもう半分ぐらい雲に覆われてしまった。

昨晩、CNNで元テニスの女王シュティフィ・グラフにインタヴューしていたが、彼女は実に流暢な英語を話していた。数年前、やはりCNNにモニカ・セレシュが出ていた時も、以前試合中暴漢に刺された傷の療養中に英語を猛勉強したとのことで、ほぼネイティヴのように話していた。そう、やはり語学は若い時にやっておくべきものなのだ。

外の芝刈り機の音がうるさい。このホテルは感じがいいのだが、一つだけテーブルの位置が良くない。そこはテレビの載っている半分のスペースが書き物用にはなっているのだけれど、ライトもなく不便だ。

再びコナへ　「夢日記」
カイルア・コナから出て時計と反対回りに島をぐるりと一周し、またもとに戻ってきた。コナのファミリーレストランでステーキとライトビールを注文。

走行距離約五〇〇マイル。pass with care と no pass の標識が繰り返されてはいたけれど、車が少なく運転はし易かった。制限五五マイルのすぐ後に、今度は四〇マイルとなっているので何て短い区間制限かと思ったら、それは最低速度の表示であった。要するに四〇マイル以下で走ってはいけないのである。日本もこの方法を見習ったらどうだろう。スピード無制限であるドイツのアウトバーンが、距離数から割り出した事故率が世界で一番低いという事実は、スピードと事故にあまり関連はないことを証明しているではないか。日本は極端に道路が狭く、その付けは全てドライバーに負わされているのだ。速く走るための道具に対して、これだけスピードを目の敵にする行政も珍しい。「狭い日本、そんなに急いでどこへ行く」というおせっかいな標語は、新幹線の前にでも貼っておいたらいい。「狭い日本、急いでいけば早く着く」のではないか。


青を通り越して、むしろ紫に近いような空の色だ。いつの間にか西風に運ばれてきた巨大な綿飴のようにムクムクとした白い雲が、四〇〇〇メートル以上もあるマウナ・ケアに引き寄せられていく、大自然の織り成す雄大なパノラマ。

私には、白い雲の精が美しく薄青色に輝いているマウナ・ケアに恋をして、どんどん突き進んでいくように見えた。実際、雲はまるで生命を持っているかのようにみるみる山に覆い被さり、快晴だった空は急に曇って雨さえ降り出してきた。この島にいると、昔の人が山や雲が生きものであると信じていたのもよく理解できる。このような大自然に囲まれた生活の中で、神話やメルヘンが生み出されてきたのだろうと思わせる風景が、ここには至る所に広がっている。

マウナ・ケアの雪の女神はポリアフである。彼女とペレとの女神同士が戦う神話は、いつもポリアフが辛勝しているけれど、これは火と水(雪)では当然水が勝るということなのだろう。

ポリアフはある日山から下りて、友だちと一緒に海岸で波乗り競争をして遊んでいた。すると突然霧の中から美しい女が現われた。ポリアフは彼女を歓迎し競争を続けたが、急に地面が熱くなり、ポリアフは女が自分の敵、ペレであることを悟った。ペレは衣を脱ぎ捨て、マウナケア山に噴火口を掘り、溶岩をさし向けポリアフに迫った。ポリアフは頂まで逃げ雪のマントで応戦した。

溶岩と雪の戦いに地震が起こり、大地と海が揺れた。大きな岩は裂け、雪が山々の頂を覆った。この雪はポリアフの呼び寄せたもので、雪を降らせて溶岩を冷却させた。ペレの家来はこうして主人の足枷になった。固まった溶岩は噴火口を閉じ、海に達した溶岩の川は細り、海に落ちた溶岩は波の餌食になって死に絶えた。その後には溶岩台地が残った。

(後藤明「カメハメハ大王　ハワイの神話と歴史」)

コナ郊外の日系人が経営するホテル。一泊三八ドルで一応シャワー、トイレも付いているのだから立派なものだ。海を見下ろすベランダに出て、プレミアム・ビールを飲みながら本を読んでいたのだが、そのうちにウトウトと眠り込んでしまった。海からのそよ風が心地よい素敵なスィエスタ、ラジオから聞こえてくる懐かしいペリー・コモもいい子守唄。白く大きなお尻が闇の中へ消えていく……幻覚。

ここから眺めた夕日もまた素晴しかった。1quart 8Fl のバドヴァイザーを飲みながらビーフ・サンドイッチをほおばる。海の一箇所だけがピンク色に染まり、他は灰色のヴェールに覆われていたので、とっくに太陽は沈んだものと思っていたのだけれど、実はまだそれは上の厚い雲の中にあって、最初のビールを飲み出した時に雲と水平線との間にひょっこり顔を出したのだ。一瞬あたり一面が黄金色に輝きわたり、夢の世界に迷い込んだかのような錯覚を覚えた。そして、ちょうどビールを飲み終えた頃、太陽は橙色の巨大な円形のままゆっくりと海の中へと落ちていった。

昨夜は疲れて八時頃には寝てしまったというのに、目覚めると六時過ぎであった。しかし十時間寝てもまだ眠たかった。まだ時差の影響があるとも思えないけれど、いずれにしても身体が要求しているのだし、きっと健康な証拠なのだろう。七時前に近くの船着き場まで散歩すると、何人ものジョギングをする男女とすれ違った。この国の一部の人々が、老いも若きもまるでスポーツ中毒のようによく走り回るのには感心させられる。

部屋で珈琲を飲んだ後、マジックサンドビーチまで出かけることにした。シュノーケルをつけて潜るとすぐ、黒い魚の群れの奥に大きな亀が泳いでいるのに出会った。その綺麗な甲羅にさわってみたい衝動に駆られたのだが、最近ではハワイに限らず、どの国でも亀に触れるのは禁じられているのを思い出してやめにした。どうやら、亀にとってはさわられることが大きなストレスになるらしい。それは人間だって同じだろう。それにしても自然は(あるいは神様はというべきか)、何と色美しい沢山の魚を創ったのだろう。日光の差し込む浅瀬で、トロピカルブルー、黄色、赤、ピンクの魚たちが踊っている。

このビーチには日本のような海の家や看板、そして人を不快にさせるスピーカーからの音楽や騒音は一切ない。とてものんびりできて、時間がゆったりと過ぎていく。若者たちの多くはスタイルが良かったけれど、中年以降の人たちはほぼ例外なく醜く太っていた。この国では一体何歳から体型が変わってしまうのだろう。

ぼんやりと考え事をしていたらしく、ついうっかりホテルを通り過ぎてしまった。Uターンするついでに、あるカフェーに立ち寄ると、昼下がりのけだるい時間のせいかとても混んでいて、残念ながらゆっくり葉巻を吸えるような雰囲気ではなかった。近所の小さな商店のいくつかは店をやめていた。少しづつこの島も変わっていく。

継母物語

ハワイに伝わる何ともやりきれない「継母物語」を読んでみる。

ある酋長の妻が一人の男の子と一人の女の子とを残して死にました。酋長は心から子供たちを愛していましたので、

「母親がいなくては、子供たちが可哀想だ」

と思って、後妻を迎えることにしました。

ところが継母は、二人の子供を可愛がってくれないばかりか、何かにつけてひどく叱ったり、殴ったりするのでした。

そのうちに酋長は、用事があって、永い旅に出掛けることになりました。継母は「しめた」と思って、ますます子供たちをひどい目に遭わせました。

二人の子供はとうとう堪りかねて、家から逃げ出しました。そしてとある洞穴に隠れて、寂しい月日を送っていました。それを見た水の精が可哀想だと思って、二人のために飲水を汲む泉と、身体を洗う池とをこしらえてくれました。

やがて酋長が帰って来ました。彼は後妻のために大切な子供を失ったことを悲しんで、彼女を殺して、自分も自殺しました。水の精がこしらえた泉は、ポウナホウの泉として、今日でもハワイに残っています。

酋長が後妻を迎えたのは自分のためではなく、あくまでも「子供たちが可哀想」だったからである。しかし彼は焦ったせいか、女を見る目を誤った。というより、恐らく女は酋長には従順でも、子供たちにはきつかったのだろう。そもそも母親でもない女に母親と同様の優しさや愛情を期待すること自体一部の人には無理な注文なのかもしれない。子供のためを思って厳しいしつけをしたとしても、愛の裏づけがなければ子供にとっては単なるいじめとしか映らないだろう。

父の留守中継母は、ますます子供たちをひどい目に合わせたのだという。

メルヘンには父親の不在中に様々な事件の起こる話が多い。例えばグリム童話「赤ずきん」では父親は最後まで登場してこないし、「白雪姫」でも継母が姫をいじめている間、王様が一体どこで何をしていたのかはまるでわからない。また、ペロー作「眠りの森の美女」の若き王様も、隣国カンタラビットとの戦争に出掛けていた。だからこれらのメルヘンは、見方によっては女同士の確執について述べているともいえるのではあるまいか。

どこにも救いのないこの短い話は、子供たちがまだ死んでしまった訳でもないのに、父は妻を殺し自分も自殺するという唐突な終わり方をしている。

これはアンチ・メルヘンではあるが、恐らく似たような出来事が本当にあったということなのかもしれない。

まるで眠り病にでもかかったように、なんとも眠い。春先のあのけだるいまどろみの中で彷徨っているかのようだ。明け方、意識の半分は目覚めて、あとの半分はまだまどろんでいる。そしてまた、何度も短い夢を見る。

私は大きなビルにある自分の部屋へ戻ろうとしている。エレベーターは一階から途中の階すべてをとばして最上階まで行ってしまったので、仕方なくトボトボと階段を下りることにした。ところがある階までくると何か秘密めいた催しがあるらしく、これから先はＩＤカードを持った人しか入れないと言われる。でも、ガードマンがよそ見をした隙に私は、さっさと走ってもう一階下へ行ってしまった。

階段のところにはまんべんなく菊の花を植えた植木鉢が置かれ、しかも人間の歩幅とほぼ等間隔に並べられているので、歩きにくいといったらなかった。足が向かおうとするちょうどその場所に植木鉢があるのだ。これでは時間ばかりがいたずらに過ぎてしまうから、妻に電話をしておこうと思う。しかし、電話のありかもわからぬまま、立ち止まった私は、やたらに早く動いていく時計の針を驚きをもってじっと見つめていた。

朝起きてカーテンを開けた時、目の前に青い大海原が広がっていると、それだけでもう気分が爽快になる。水平線と空の境目はぼんやりと霞んで定かではない。手前の海岸線のところだけに白い波の立つのが見え、遥か遠くはまるで空と海とが繋がっているかのようだ。

「むかしむかし、空と海は繋がっていました。ある日のこと、そこへ一人の人間が現われて、真っ白い船で線を引き、二つの世界を別々にしてしまったのです」などと書きながらよく考えたら、これはまさに前に述べた「ランギとパパ」の「天地分離神話」と同じではないか。

ベランダから眺めていると、白い小船は青色の宙に浮かんでいるように見えた。止まっているようだったけれど、顔を洗って戻ったらそれはさっきより大分左の方へ移動したのがわかった。九時に誰かがドアをノックする。パッとドアを開けると、びっくりした様子でメイドが立っていた。「後でまた来ます」と言う彼女は、小柄で色が浅黒くいかにもハワイ人といった感じがした。

海の見えるこの部屋がとても気に入ったので、ホノルルへ行くまであと四日ほどここに泊まることにしよう。朝から葉巻を吸う。今でも十分リラックスしているのに、更にホッとした気分になっていく。

インクが大分減ってきた。スペアはあと二本しかないのだが、帰国するまでは何とかなるだろう。この青色のインクは気に入っているのだから、あと二、三箱持ってくれば良かった。

スーパーで買い物をしても、一昔ほど安いとは感じられない。一つには円安という背景があるのだろうけど、それにしても物価の上昇は世界的傾向なのかもしれない。レシートを見ると、バナナ六本で三ドル三五セントもする。これでは日本の方がずっと安いのではあるまいか。

カハルウ(Kahaluu Beach Park)で泳いだ。運動不足なので少し泳ぎ込んでやろうと思っていたら、このビーチはみんなシュノーケルをして、岩場で足を切らぬよう足ヒレやマリンシューズを履いて熱帯魚ウオッチングを楽しんでいるのだった。「岩で滑らぬよう注意!」の標識をぬけて四、五メートルも泳いでいくと、もうそこには色とりどりのトロピカル・フィッシュが群れをなして泳いでいた。黄一色や黒にウルトラマリン・ブルーの線が入ったのや、あるいは背が緑で身体がブルー、かと思えばまさしく私こそ本物の熱帯魚ですよといった感じの黄色に黒のストライプが入ったバタフライ・フィッシュ。また、河豚や大きな亀も泳いでいる。

魚の群れに出会うと、こちらが襲われるのではないかと不安になるほどだった。手を伸ばせばすぐに掴めるほどなのに、敵もさるもの、そう易々と捕まえられるわけもない。

たまたま、この春ドイツで買った競泳用ゴーグルを使ってみると、結構役に立ち、ふと気が付くとすぐ側を一メートルほどもある亀が悠々と泳いでいた。ゆったりとして超然たるその姿は、どことなく海の中の哲学者のようでもあり、以前マジックサンドビーチで出会った亀よりは一回りほども大きかった。しばらく追いかけていたのだけれど、やがて大きな波にこちらがもがいているうち、亀は岩の向こうへと消えてしまった。

一時間以上も海の中にいて、再び浜に上がった時には、強烈な日差しに眩暈がするほどだった。真水のシャワーを浴びていると、とてもグラマーな女の子が横を通っていった。モンロー・ウォークの彼女に男たちは振り返ったのだったが、その先には小さな女の子がニコニコしながら手を振っていたので、ちょっとがっかり……。

アメリカでも本当にスタイルのいい女性は多くはないようだ。若者でもすごく太っていたり、肌がぶよぶよしていたり……。身体を、贅肉のない健康な状態に保ち続けるには相当の努力が必要なのである

泳ぎ疲れて、車のエンジンをかけた頃、あっという間に曇りだして、日差しは消えてしまった。海に潜るのなら、波の状態や透明度からいって午前中の早い時間帯が一番いい。午後になると波も荒れ出すし、水も濁ってくるのだ。

アリィ・ドライブをカイルア・コナの中心部まで走って行く途中、新築のコンドミニアムが売りに出されていたので立ち寄ってみた。しかし、モデルルームを案内してくれた係の女性はアメリカ人には珍しく、あまり愛想が良くはなかった。完全にこちらをひやかし客と思ったのだろう。2バスルームと2ベッドルームのついた快適な住まいは一三万ドル。日本と較べたなら、勿論とてもお買い得ではあったが……。

サメの口

サメの口を持つ男の子が登場する奇妙な物語を読んでみよう。

ウミ王がハワイを治めていた頃、ワイピオにカレイという綺麗な女の子が住んでいました。

カレイは牡蠣が好きだったので、毎日のように浜辺に出掛けました。サメの王カモホアリ(Kamohoalii)が彼女を見て、深く思いを寄せるようになって、ある日カレイが岩の間で牡蠣を採っていた時、急に高波を立てました。波はどっと押し寄せて、カレイの体を包んでしまったので、彼女はもう少しで溺れ死んでしまうところでした。カモホアリはすぐたくましい若者に姿を変えて、彼女を救ったのでした。

高波がサメの王のせいであったとは夢にも思わなかったカレイは、若者に感謝しました。そして、二人はすっかり仲良くなり、その後、とうとう夫婦になりました。しかし若者は結婚をしても、自分の素性を打ち明けることがなく、妻のカレイには、それが物足りなかったのです。

そうしているうちに、ある日、若者がカレイに、

「お前と別れなくてはならぬ時が来た。お前は間もなく男の子を産むだろう。が、どんなことがあっても、生き物の肉を食べさせないようにしておくれ。それから生まれた子には、普通の口のほかに背のところにサメの口がついているから、いつも布を被せて、誰にも見せないようにしてもらわねばならぬ」

と話し、驚き悲しむカレイのそばを離れて、海の中に飛び込んで行ってしまいました。

カレイは間もなく男の子を産みました。普通の赤ん坊と少しも違いませんでしたが、ただ口がふたつついていました。一つは普通の口で、もう一つは両肩の間にあって、鋭い剣のような歯がずらりと並んでいました。

これを見たカレイは、いとしい夫がその素性を明かしてくれなかった訳が、やっと分かりました。彼女はサメの子を産んだのでした。

カレイは、夫に教わった通りに、子供の肩に布を被せて、奇怪な口が人目につかぬようにしてやりました。そして両親や親類の者にだけ、我が子の素性を明かして、

「どうぞ、この子には、決して生き物の肉を食べさせないようにして下さい」

と、頼んでおきました。

しかしお祖父さんが、孫の可愛さに、ナナウエ(これが奇怪な口の持主の名でした)に、魚の肉を食べさせました。すると、急に貪食になったナナウエは池や海に飛び込んで、驚くほど沢山な魚を捕らえては食べてしまうのでした。

ナナウエは、年をとるにつれて、筋骨逞しい若者になりました。しかしサメの口を他人に見つけられるのを恐れて、どんなことがあっても、他の若者たちと一緒に水浴びに行くことはありませんでした。

彼はよく働き、毎日のように畑に出て、芋を掘っていました。村の人が水浴びをするために、畑のそばを通ると、彼はきっと、

「水に入るなら、よく気をつけなさい。サメに食われるといけないから」

といって、後からにやりと笑うのでした。そしてそうした注意の言葉を受けた者に限って、きっと水浴びをしているうちにどこからともなく現れた大きなサメに食い殺されるのでした。村の人た

ちには、それが不思議で堪りませんでしたが、実はナナウエが、いつも畑からこっそり飛び出して、水浴びに行く人のあとをつけて、その者が水に入るや否や、自分も水に入って、サメに姿を変えて、とって食うのでした。生物の肉に味をしめた彼は、サメの本性を現して、どうしても人間を食わずにはいられないのでした。

そのうちに、ウミ王が、若者という若者を呼び出して、広い土地を開墾させることになりました。

その時、彼のそばで仕事をしていた一人の男が、

「おい、ナナウエ、お前はなぜ肩の布をとらないのかね。仕事のじゃまになるじゃないか」

というなり、手を伸ばして、さっと布をはぎ取りました。と、剣のような歯の立ち並んだ大きなサメの口が、もの欲しそうにわくわく動いているので、みんな顔色を変えて騒ぎ立てました。恐ろしい秘密を暴かれたナナウエは烈火のように怒って、あたりにいる者に、誰彼のかまいなく、サメの口で噛み付きました。

人々は大騒ぎをして、彼を縛り上げました。そしてウミ王の館にひっぱって行って、

「この間から、大勢の者がサメに食われて困っていましたが、やっとそのサメが見つかりました。それはこれなるナナウエでございます」

と申し上げました。王は人々に命じて、この奇怪な人間サメを焼き殺させることにしました。

やがて火が燃え上がると、ナナウエは突然大きな声で、自分の父であるサメの王に助けを求めました。たちまち彼の体に素晴らしい力が湧いて来て、丈夫な縛めの綱が切れてしまいました。

ナナウエは群がって来た戦士たちを突き飛ばしながら海へと駆け続け、川が海に注ぐ所に来ると、わざと岩の上に突っ立って、追っ手の者どもが近づくのを待っていました。

一人の戦士が腕を伸ばして彼の体をつかもうとした瞬間、彼は水の中に飛び込み、たちまち大きなサメに変身したのです。

人々はナナウエを取り逃がしたことをたいへん悔しがって、彼の母や親類などをひしひしと縛り上げて、ウミ王の前に引きずって来ました。人々は殺気だって、口々に、

「早くそいつらの首を切り落してしまえ」

と叫び立てました。しかしウミ王はナナウエの母カレイに、

「どうして、あんな恐ろしい子を産むことになったのじゃ」

と尋ねました。カレイはサメの王カモホアリが若者に変じて自分に近づいたことを詳しく話しました。ウミ王は、カモホアリが偉大な海の神であることをよく知っていました。だから、

「もし、ナナウエの母や親類を殺すようなことがあったら、後の祟りが恐ろしい」

と考えて、ナナウエの母や親類を許してやったばかりでなく、またお坊さんたちに命じて、サメの王カモホアリにさまざまの供物を捧げさせました。

するとサメの王が、お坊さんに乗り移って、

「わしの子供が乱暴を働いて、大勢の者を殺したことは、まことに気の毒じゃ。わしはナナウエにいいつけて、永久にハワイの海辺から立ち去らせるつもりじゃ。もしナナウエがわしのいいつけ

に背いたら、わしの手下のサメが見つけ次第に殺してしまうであろう」
といいました。
こうしてナナウエはハワイ島を去って他の島に行ったのでしたが、そこでまたサメに姿を変えては、人々を食べていたので、とうとうその土地の神に殺されてしまいました。

何とも奇妙な話である。読んですぐ気がつくのは、美しい乙女カレイとサメの王カモホアリが出会う前半と、息子ナナウエの暴れ出す後半とは物語としての関連が薄いのではないかということだ。また、「ウミ王がハワイを治めていた頃~」という冒頭は、昔話というより伝説のようでもある。主人公の最後に待ち受けているのは死であり、そこには何の救いも見出すことは出来ない。

明け方五時半にトイレに起きて、その後ラジオを聞きながらまどろんでいた。昨夜、本を読み終えて寝たのは十二時近くだから、なかなかいいコンディションになってきた。このところ朝晩とても涼しく、エアコンの必要はない。
ベランダから見下ろす海は凪いで、海面に薄い帯状の線がカーブを描いている。恐らくあのあたりで潮の流れと水温とが違っているのだろう。

夢を見ていた。

何故かGさんと一緒に列車でミュンヘンに向かうことになっている。しかしイタリアかスイスか良くわからないところで、Gさんは「それでは、ご機嫌よう！」とにこやかに降りていってしまった。その時になって私は初めて列車がミュンヘンには行かないことに気づき、駅の若い車掌に尋ねるのだが要領を得ない。たしかイタリア語ではミュンヘンのことをモナコというのではなかったかなどと、うつろな記憶をたどっていると、彼が、「国境を越えるにはまず写真を撮らねばいけません」などと妙なことを言いだした。仕方なく駅にある三分写真ボックスの中に入ると、自分の前にある鏡は、まるで白黒テレビのように色々な人物の顔を次々と映し出し、私はどれが自分自身の顔であるかを選び出さねばならなかった。

夢の続き。

海の中で大きな分厚い板が、岩の間に挟まっていた。私は潜って行ってそれを引き剥がし、浜に持ってくると、板は真っ白でいかにもきれいだ。でも、裏返してみると、大きな茶色の海草が細いイカの足のように不気味にうごめいていた。

カハルウ・ビーチで泳いだのは偶然であったが、後でガイドブックを見ると「シュノーケリングをするにはいい場所である」と載っていた。地図だけを頼りにドライブしているのに、後で気づくと、いいと思ったところは大体詳しく本に載っていることが多かった。目立つ場所や感じのいい店を気に入るのは誰でも同じだろう。

太陽が昇って明るくなるにしたがって海の色も刻々と色を変えていくけれど、水平線の彼方は、今日も春霞がかかったようにぼんやりとしている。

マウナ・ロア［女神ヒナ・ケ・アヒ］

ワイメアからホノマカウ(Honomakau)へ行くコハラ・マウンテン・ロード二五〇号線のドライブは、またまた快適であった。ワイメアを抜けた道はすぐに一九号線から分かれて、くねくねとした急な上りの山岳道路となる。左手には遥かにマウナ・ロア(長い山の意。四一七一メートル)、後ろには麓に雲をたなびかせたマウナ・ケア(白い山の意。四二〇六メートル)が見える。すれ違う車もほとんどない細い道は、やがて左右に牧場が広がり、ところどころには草を食む馬や牛の群れがあった。

昔、マウナ・ロアが激しく噴火したあと、ハライ(Halai)、オペアペア(Opeapea)そしてプウ・ホヌ(Puu Honu)という三つの円錐形の丘ができた。

ハライは女神ヒナの長女ヒナ・ケ・アヒ(Hina Ke Ahi)の住処で、彼女は虹滝(レインボー・フォールズ Rainbow Falls)の裏にある洞窟に住んでいた。マウイの姉であるヒナ・ケ・アヒは、太古の物語には一番良く登場してくる。

ハライを治めていた親切な火の女神ヒナ・ケ・アヒは、人々に深く愛されていた。一方で、プウ・ホヌ(Puu Honu)を治める雨の神である妹のヒナ・クラナ(Hina Kulana)は、そんな姉に焼き餅を焼いていたのである。ハライの男たちはタロイモやバナナを植え、女たちはカパ(kapa)布作りに精を出していた。その布はイチジクやカジノキから剥がした樹皮を水にさらし、棒で叩いてから乾燥させて作るのである。

ある時、長く日照りが続いて作物が枯れ、人々は飢死寸前になってしまった。ヒナ・ケ・アヒは人々に、「ハライ火口の中にあるイムー(Imu)という場所に巨大なかまどを掘って、薪を集めるように」と命じたのである。そして、かまどの火が真赤に燃え上がると、ヒナは、「神々への供物として、自分が生贄になるしか方法はない」と言って、イムーの中へと入って行った。「私が入った後、かまどに蓋をしなさい。三日経ったら一人の女の人がイムーの外れに現われて、どうすればいいか教えてくれるでしょう」

そこで皆は言われたとおりにして、イムーの側で心配しながら待っていたのだった。

ヒナ・ケ・アヒはその後地下をあちこち彷徨ってから、何度か地上に姿を現し、その度ごとにハライの丘は大地震で揺れた。彼女は元々火の女神であったから、イムーの火にも焼かれることはなかったのである。

三日が経って現われた女性は、人々に「イムーの蓋を取るように」と伝えたのである。すると驚いたことにその中におびただしい食物の山が現われたのであった。この日からハライの噴火口はイムー・オ・ヒナ(Imu o Hina)として知られるようになった。

本来これで「めでたし、めでたし」と終わってもいいはずなのだが、話は更に続いていく。

今度は、妹ヒナ・クラナが支配するプウ・ホヌが飢饉に見舞われたのだ。彼女は元々雨の神なのに、そんなことはものともせずに自分も姉のように強い力を持っていることを皆に示したいと思って、イムーに入って行ったのである。

次の日、黒い雲が出てきてイムーに覆いかぶさり、それを隠してしまった。太陽が出ているというのに、イムーのところだけが黒雲に覆われていたのである。人々が長いこと待っていても、やって来る人はいなかった。ついに待ちきれなくなって皆がイムーの蓋を取ってみると、自分たちの女王の灰だけがそこに残っていたのだった。

人々は飢饉から救われることもなく、再びイムーに蓋をしたのである。これがプウ・ホヌにはどうしてハライのような噴火口がないかという理由なのだ。

ヒナ・ケ・アヒは、妹が支配していた人々のために深い悲しみに落ちた。もしヒナ・クラナが雨という彼女本来の能力を用いていたなら、人々に食物を与えることが出来ただろうことをヒナ・ケ・アヒはよく知っていたのである。しかしヒナ・クラナは自分の姉をライバルとしていることに疲れきって、自分自身と人々に死をもたらしたのである。ヒナ・ケ・アヒの援助は遅すぎたのだった。

ヒナ・ケ・アヒの物語は大自然の厳しさについて伝えているのではあるまいか。人は自分に出来ることと出来ないこととを十分に認識しなければならない。恨みや嫉妬は何も生み出すことはないのである。

明け方の夢。

誰かを追いかけている。何のためだかは忘れてしまった。

男が、階段を駆け上がっては降り、町に出ては狭い路地をくねくねと逃げ回る。私は相手が逃げるから、その後を走っているような気もしている。一転、場面が変わって、病院のベッドだ。誰が寝ているのだろうと訝る私のところに、先ほど逃げていた男が急に近寄ってきて耳打ちする。

「妊娠しているのは、あんたの娘だよ」

第四章　カウアイ島の神話

カウアイ島の神話を書いておこう。

五、六年前に訪れたカウアイ島は、クネクネした山道を運転したという以外あまり印象に残っているものがない。確かに、大自然の他にはこれといった観光スポットのない島ではあるのだが、だからこそ「ブルー・ハワイ」や「ジュラシック・パーク」等のロケにはうってつけの場所だったのだろう。

この島にある石を面取りして作った農業用のメネフネ水路は、実はメネフネという小人が作ったのだと神話は伝えている。スポーツが大好きなメネフネはサメと戦ったりするほど活発だったのに、何故か梟と犬だけには弱かったという。メネフネはハワイの方々で頼まれて（あるいは自主的に石を運んで）、神殿、水路、養殖池を造ったのである。

「ラカ神の父が行方不明になった時、彼はカヌーを建造して探そうとした。彼が木を切っておくと、次の日それがひとりでに立っていた。不思議なことが起こるので、彼は木に穴を掘って、夜何が起こるか潜んでいると、小人たちが現われて仕事をしているのがわかった。小人たちは完成すると皆でカヌーを海岸まで運んで、航海の手伝いをした」(後藤明「ハワイ・南太平洋の神話」中公新書)

夜現われて人の仕事を手伝う小人たちの姿は、「グリム童話」の「靴を作る小人の話」(Wichtelmänner: KHM39)にとてもよく似ている。それはこんな話だ。

昔、貧乏な靴屋が、一足の靴をこしらえるだけの革以外には何もなくなってしまった。彼は、次の日に仕事をしようと、その革を裁っておいた。ところが翌朝には靴が両足ともすっかり出来上がっていたのである。その出来栄えは見事で、靴はすぐに売れ、今度は二足分の革を買うことができた。

「どこの誰がこんなに手助けしてくれるのか見てやろう」と思った靴屋は、夜中に起きて見張ることにする。真夜中になると、こざっぱりした裸体の小人が二人現われて、休みなく靴を作るのだった。靴屋は妻と相談して小人たちへのお礼にと、革の代わりに新調した服を仕事台の上に置いておいた。

「ま夜なかごろ、一寸ぼうしたちが跳びこんできて、すぐさま仕事にかかろうとしましたが、いつもの裁ちあがりの革はなく、そのかわりに小綺麗《こぎれい》なきものが二くみそろえて置いてあるのを見ると、はじめは怪訝《けげん》な顔をしていましたけれど、やがて、いかにもうれしそうなようすをしたものです。

それこそ目にもとまらない早業で、一寸ぼうしたちは身じたくをすませると、きれいな衣装《きもの》をきた胴なかをさすりながら、

『おれたちゃ、つやつやしているわかさまみたよな子どもじゃないか、なんで、いつまでくつやなんかでいられるものかい』

と、唄をうたいました。それから、ぴょんぴょこ跳ねたり、おどったり、椅子や腰かけの上をとびあるいていましたが、とうとう、ふたりとも、戸の外へおどりだしてしまいました。

それぎり、一寸ぼうしたちは二度とやってきませんでしたが、くつやさんのほうは生涯つごうがよく、することなすこと、なんでもうまくいきました。」

（「グリム童話集」（2）金田鬼一訳、岩波文庫）

カウアイ島のメネフネも「グリム童話」も不思議な話である。どちらの小人も別段人間に頼まれたから働いているのではなく、ただ自分たちがやりたいからやっているだけで、その行動が結果的に人間を助けただけのことではないか。だから一歩間違えば、彼らの行為が逆に人間に害を成す場合だってあったのだ。人間が自分たちに感謝するかしないかなど、恐らく小人たちはどうでもよかったのである。

グリム童話の小人たちは、全く思いがけなく綺麗な衣装にありつくことになった。「おれたちゃ、つやつやしているわかさまみたよな子どもじゃないか、なんで、いつまでくつやなんかでいられるものかい」と唄う彼らは、きっと靴を作るよりもっと面白く楽しいことを探しに行ったか、あるいは他にもそんなことを沢山知っていたのだろう。

別なレベルで、これらの話は人間の潜在願望の現われとも考えられる。つまり、そんな厄介な仕事をこなさねばならない人間がしばしば抱く、「誰か手伝ってくれないか」とか、「代わりにやってくれる人はないか」といった願いであり、人間のこうした願望が車やコンピューター、そしてロボット等といった便利な道具を生み出してきたわけだろう。

日本の「遠野物語」(柳田國男)にもこれらに似た不思議な話が載っているけれど、ここで登場してくるのは小人ではなく、オクナイサマという神様だ。

(一五) オクナイサマを祭ると善いことが沢山ある。田圃の家と呼ばれていた土淵村の長者安倍氏の所で、ある時、田植えの人手が足りずに困っていた時、どこからか小柄な小僧がやって来て、「僕もお手伝いしましょう」と言うので、そのまま働いてもらった。昼になって、飯をあげようと捜したけど見当たらず、それでもしばらくするとまた戻って来て、一日中、田に水を引いたり土を砕いたりしてくれたので、その日の内に無事田植えを終えることが出来た。どこの誰かは分からないけれど、晩飯を一緒に食べようと思っていたら、夕方その姿は消えていた。家に帰ってみると、縁側に小さな泥の足跡が沢山ついているではないか。それはだんだん座敷へと入り、オクナイサマの神棚の所で止まっていた。ひょっとしてと思ってその扉を開くと、神像の腰から下が泥だらけになっていたということだ。(拙訳)

田植えの頃であれば、人々にとってはまさに猫の手も借りたいほどの忙しさだったに違いなく、そうした願望が、オクナイサマというこんな子供の姿をした神様に昇華したとは十分に考えられることであろう。

メネフネ族が活躍した話をもう一つご紹介しておこう。

カウアイのメネフネ族の物語(J・H・カイウィによる寄稿)

メネフネと呼ばれる種族は、小さな人々でした。彼らはナイプアレフ(Naipualehu:高さ約三フィートの有名なカウアイ島の小人)の膝下ぐらいの大きさだったと言われています。それが本当なら、古代人が述べたように、彼らは確かにすごく小さかったのでしょう。いくつかの説明によれば、彼らは小さく丸々と太って力強く、たくましく、筋肉質であることが知られていました。彼らの肌は赤く、体は毛むくじゃらで、鼻は短く太く、低く突き出た額は髪の毛で覆われていました。彼らの大きな目は長い眉毛で隠れ、見るのが不快になるほど、その顔つきは恐ろしかったのです。

彼らの住居は、ワイネキとして知られる場所に近いワイメアの山の中にありました。この種族をよく見られる場所がありました。家はバナナの葉でできていて、彼らの会話は、犬の低いうなり声のような、つぶやきのようなものでした。笑い声は大きく、自分たちの生活に関係する仕事はすべて引き受けていたようです。彼らはバナナ、銀色の魚、エビなどを食べて暮らしていました。

メネフネ達の空腹は、一、二本のバナナ、または十分な一握りの小魚で満たされました。銀色の魚とエビは数が多く、人々に十分食料を供給したので、彼らは引き受けた重要な仕事を一晩でやりとげて、夜明けまでには完了することができたのです。

ワイメア川の上流にあるキキアオラの水路は、このメネフネ族によって建設されました。メネフネ達は、次の方法でコースを掘り、滑らかな石をしっかりと敷き詰めたのです。つまり、彼らはキキアオラの水路の上流からポリハレの下流まで一列に並ぶと、石を自分たちの手渡しによって、約五、六マイル運んだと言われています。工事が完了して朝までに水が入ってくると、メネフネ族にこの仕事を依頼した酋長は、キキアオラ川の水路が完成したことを聞いて大いに喜びました。パリウリに住む労働者たちに利益をもたらし、タロイモが成長して彼らに食物をもたらしてくれたのですから。それは彼らの生命の糧でした。

KIKIAOLA ウォーターコースの耐久性

メネフネ族によって堅固に構築されたキキアオラのこの水路は、建設から今日に至るまで一種の神秘的なものであり、壊されたことはありません。

それが完成すると、彼らは十分な食糧を持っていなかったので、ワイメアにとどまることができなくなってしまいました。そこでは銀色の魚が減少していたため、プナの若い首長のカップルが魚を探していたのです。キプ川とニウマル川の間の谷に住んでいたハンサムな兄のアレココと妹のカラフレフアは、それぞれに魚のいる池を作ることに同意しました。メネフネ達がここに移動したとき、彼らはニウマル川のほとりにいる若い首長の養魚池の建設を開始しました。

二人の養魚池の建設では、兄の養魚池はニウマル川の片側に造られ、妹の養魚池はキプ川の向こう側にありました。しかし、不思議なことに、兄のアレココの池の周りの壁は完成したというのに、妹のカララレフアの池は完成していませんでした。

この養魚池の作業は一晩で行われたようです。これらの共有地を囲い込む石を収集してスムーズに取り付けられた所は、ニウマル川から約 十五マイル離れたマカリーの海辺からも恐らく二マイル以上離れていると言われています。キキアオラの水路の建設と同様に、これらの魚のいる池も兄の池が完成し、妹の池は夜明けまでに完成しませんでした。夜明けが近づくと、不思議な種族である彼らはすべて山に戻ってしまったからです。

日が昇ったとき、カララレフアの池を完成させるのにあと一部分しか残っていなかったのに、夜が明けてすべてが消えてしまうまでに、メネフネ達は一人ずつ山に逃げて行ってしまいました。妹は養魚池が未完成であるのを見て悲しんで泣いたのでしたが、兄は完成を喜びました。妹の池のために集められた石は、今でも小川に残されています。

兄のアレココと妹のカララレフアという二人の若い首長は谷で生まれ、川の近くに住んでいました。谷に架かる虹を見た住民は、「二人の首長はとても用心深い」と言って、若い彼らに感謝の念を抱いているのです。今でもそこでは虹が見られるということです。

ニウマル(Niumalu)谷の住民の証言によると、この堂々とした二人は超自然的な力を持っていて、妹は時々トカゲに変身し、兄はサメになることもあったということです。その谷のすぐ下には深い穴があり、水は冷たかったけど、時々熱くなるのでした。当時はそんな風でしたが、今では完全に消えてしまいました。


今は亡き私の祖父母は、メネフネ族の性格について次のように聞いたと言っていました。夜、バナナを焼くために火をつけると、メネフネたちは調理する前に燃えている石炭からバナナを長い棒で素早くつかみ取るのだと。

確かに、こんな小さな種族は珍しい。彼らの顔つきは恐怖を引き起こすし、眼つきは見苦しいものだったけど、彼らは怒ったり喧嘩したりする人々ではなかったと、その特徴をはっきりとわかっていた私の先祖は言っていました。

太陽の光を非常に恐れていた小柄なメネフネ族にとって、夜は至福の時でした。彼らは団結してすべての偉大な事業を行い、キキアオラ川の水路が証明しているように、確かに超自然的な種族でした。メネフネ族の構築したものを壊そうとする人など一人もいませんでした。彼らが使った石をよく観察すると、それらは実に頑丈に組み合わされ、アレココの養魚池と同じように今日に至るまで使われ続けているのです。今では、目に見える囲いの石の間で雑草が成長して、上の石が隠されているのですが、過去数年間の大洪水で水が壁を超えたものの、この魚のいる池は被害を受けず、今日まで倒れた部分はありません。

私の祖父母がこれらの人々の話を聞く方法は、ワイネキの真上に上がり、ワイニハ渓谷を見下ろすことでした。彼らは首長のための白檀を集めるためにそこに行ったのでしたが、時々は山で寝て、この奇妙な種族がいるところに精通し、彼らが良い人々であることがわかったというのです。彼らは誰もいじめたりしませんでした。食べ物に関して言うと、遠い昔、カナカ族が山でバナナを焼いたりしていると、近づいてきたこともあったようです。

メネフネ族によって建てられたこれら頑丈な建造物はこの時代まで使われており、彼らの努力で有名なこれらの場所は、よく働く種族を創造した神の偉大さの証明といえるでしょう。これらはムアイマイア(バナナを食べる虫)であると主張する人もいましたが、私の祖父母は、メネフネは本当にメネフネ以外の何ものでもないと言っていました。

(Story of the Race of Menehunes of Kauai: More Hawaiian Folk Tales. 拙訳)

次はカウアイ島の王子の話。愛し合う若い男と女の話はいつだって簡単に時空を超えてしまうから、時代も場所も本来それほど重要ではないのかもしれない。これは神話というよりは昔話なのだろうが、しかしそれらの明確な違いを定義づけするのは非常に難しいと思われる。

パアルアとカウェルの神話　ヘンリー・M・ライマンによってまとめられた作品の抄訳

昔、カウアイ島の王にパアルアという名の息子がいた。ある時王は、逞しく成長した息子をオアフ島の王の所へ派遣することにした。大きなカヌーが作られて沢山の贈り物が積み込まれ、パアルア王子はある夕刻に十数人の家来たちを連れて出航したのである。

優しい西風が一晩中静まり返った海の上をそよぎ、夜が明ける頃、遥か南の水平線上にカアアラのテーブルマウンテンが見えてきた。やがてパアルアたちが、オアフ王によって占領されていたカネオへ湾の村に到着すると、打ち寄せる波からカヌーを引き上げているよそ者たちの姿を、王宮からやって来た四人の兵士たちが眺めていた。海岸を守る役目のこの兵士たちにパアルアが挨拶をして、自分の名と身分を告げると、兵士たちは古き良き友人の息子に歩み寄って、大歓迎したのである。王宮に案内されたパアルア王子がカヌーから運んできた多くの贈り物を王の前に広げると、王はその友情のあかしにいたく満足して、翌日盛大な歓迎パーティーを行うよう命じたのであった。

早朝から娘たちは新鮮な葉と花で花輪を編み上げ、踊り子たちや演奏者たちも皆立派に正装していた。木々の影が山々の方へ長く伸び出した頃、ココナツの森の中に人々が集まりだしてパーティーが始まったのである。愉快な馬鹿騒ぎが延々と続いた後、やがて人々は遠来の客に敬意を示しつつ、引き上げていった。オアフ王が王女カウェルを呼んで、お客様の前で踊りを披露するようにと命じたのは、そんな時であった。若い王女ははにかんでいたけれど、彼女の美しさに周りの皆は息を飲んだ。彼女は黄色地に赤い縦縞の入ったパウ鳥の羽を腰に巻き、腕には美しい花輪、髪には光輝くアイボリーの飾りを載せていた。そして両手両足には、犬の歯でできたブレスレッドがカシャカシャと小さな音を立てていたのである。

カウェル王女が父王の御前に進み出て踊り始めると、演奏者たちの太鼓が高らかに鳴り響き、吟遊詩人たちは彼女の美しさと若さに敬意を示してメレの歌をうたうのだった。カウェルはフラのリズムで踊り、パアルア王子が称賛する中で演奏が繰り返されたのである。同じ衣装を着た少女たちのグループが現われ、草深い場所でカウェルと一緒にぐるぐる回ると、彼女たちのふさふさした長い髪が輝きながら宙に流れた。やがて王の号令で太鼓が叩かれてダンスは終り、それがまた祝典終了の合図でもあった。残っていた人たちは皆、三々五々帰って行った。この時、王は、自分の娘を踊らせたのが、ちょっとやっかいなことになるなどとは夢にも思ってはいなかったのである。カウェル王女はやっと女らしくなってきた少女に過ぎなかったのだが、彼女には既に父王の決めたカイルアの領主マノという婚約者がいたのだ。しかし、それでも若者たちは無謀であり、その上、愛が二人の心に火をつけた。

その日の夕刻、お互いに一目惚れしていた二人は連絡を取り合った。パアルアは優しいカウェルに、ハナレイ谷にある自分の家の素晴しさを熱心に語り、自分と一緒にオアフ王の王宮を離れるよう懇願したのである。彼女もまた彼への愛を確信したのだが、如何に愛しているとはいえ、すぐにこの国を去ると父王を説得するのは難しいと思われた。それでも二人は色々なことを話しあったのである。そして、パアルア王子は恋人の意思を尊重し、次の日正式に王女カウェルと結婚する許可をオアフ王に求めることが決まったのだ。

翌朝、パアルアは早くからカヌーの備品を調達した。王はお客の思いがけなく早い出発に驚いて、もっと長くとどまってくれるよう熱心に勧めるのだった。しかしパアルアは王に言ったのだ。

「私がこのように長い冒険に出たことを年老いた父がとても心配しているでしょうから、残念ながら帰国しなければなりません」と。

最後にはオアフ王もしぶしぶ彼の説得に応じたのだった。

「何としても帰国せねばならぬというのなら、余はどのような贈物を貴殿のカヌーに載せれば良いであろうか。鳥を捕まえに行った者たちはまだ山から戻らぬし、漁師たちもまだ魚を取ってはおらんのだ。カマニの木で作った槍か、あるいはオロナの糸で織った網をお贈りしたなら、カウアイ王は喜ばれるであろうか」

パアルアはすぐに答えた。

「オアフ島はカウアイ島と同じでございます。海の魚もハワイからニイハウまで同じ、カマニやオロナもハナレイの谷間で美しく伸びております。そしてワイメアの人々も木彫りや織物の腕は確かなので、斯様な贈物を王様同士が贈り合う必要はございません。しかし、私にはただ一つだけ王様にお願いがございます。どうか私に一つプレゼントを下さいませ。それをカヌーに積み込めれば私は大満足で、殿下の友情に心から感謝致しましょう」

「貴殿の言葉は本当に耳に心地よい。如何に高価なものであろうとも、余に言うが良い。すぐに取らせようぞ」

パアルアは、年老いた王に深々と頭を下げて言ったのだ。

「有難きお言葉。どうかご息女カウェル様を私にお与え下さいませ。王女様への私の愛はまことのものでございます」

まるで予期せぬこの願いに王はたじろぎ、顔がこわばった。「綸言汗の如し」、つまり、汗と同じく、王の言葉とは二度と取り消すことが出来ないものなのだ。王はどのようにして大切な客の機嫌を損なわないようにすれば良かったというのだろう。

「予期せぬことに、余の心は重たくなってしまった。いかにして我が国の華を分けることが出来るものか、余に少しばかり神々に祈る時間を与えよ」

パアルアがすぐに快く応じたのは当然であった。彼の家臣たちはその間に、まとめた荷物をカヌーに積んで航海準備をしていたのである。

王は大いに迷っていた。王女は既にカイルアの逞しい領主マノと婚約しており、マノはその約束を守るよう強く求めていたのである。しかしオアフ王は、親しき友人で、且つまた絶大な力を持っていたカウアイ王の息子の要求を、どうして断れたであろうか。親友の息子と自分の娘との結婚に、王の心は怖れと誇りとの間で揺れ動いた。威風堂々たるマノとの約束が、王を動揺させていた。彼との約束を公然と破ったなら、危険な報復があるかもしれぬと危惧してもいたのである。

しかし、このように王が弱り切っていた時、マノは何を思ったか、一つの提案をしてきたのだ。「高い断崖絶壁に、私が熱帯の鳥の巣を捜していた時に見つけ出した洞穴があるのです。そこに近づくのは難しく、よそ者にその隠れ場所は絶対に分かるはずがありません。森の華カウェルがそこに身を隠し、若い王子に彼女を捜し出すよう命じるのです。長い間捜すことになるでしょうが、マノの妻になるはずの彼女を、決して見つけ出すことはできぬでしょう。この話を聞いて、その場所まで登ることが出来た人は一人もおりません」

この提案は、王を喜ばせた。彼はすぐにパアルア王子の所に行って、「神々に相談したところ、カウェルを高い絶壁にある洞穴の中に隠すようにとのお告げであった」と知らせたのである。「もし明日の日没前までに彼女を見つけることが出来たならば、彼女は貴殿の妻となるだろう」

高々とそびえ立つ断崖を見上げた時、王子にはこの絶壁の中でカウェルを見つけ出すのは至難の業と思われた。遥かな頂では、雲がすっかり吹き飛ばされていた。パアルア王子はしかし、彼女と一緒になるためには、この試みに成功するしかなかったのだ。

カウェルは夜、父によって隠れ場所へ連れて行かれ、翌朝早々に試みが始められることになっていたのである。オアフ王と王女が宮殿を出た時、月のない夜空に無数の星が輝いていた。二人は浜辺に沿って歩き、やがて王が笛を吹くと、すぐ近くの暗い藪の中から大きなマノが用心深くあたりを窺いながらヌッと姿を現したのだ。マノは道案内をしながら、三人の通過した跡を注意深く消し去って行った。彼らは明け方の星が海の彼方に消え去ってしまうまで、険しい断崖を這い上がって行ったのである。

やがてマノは突然、脇に突き出た岩の周りに食い込んだ葡萄の木の根の所へ移動して、その蔦の葉の蔭に姿を消してしまった。そこでは夥しい蔦がダラリと断崖の上に垂れ下がっていた。マノはすぐにまた現われて、岩場でびっくりしているカウェルを軽々と持ち上げると、蔦の葉によって完全に隠されていた小さな洞穴の入口に下ろしたのである。娘の後をよじ登って来た王は、松明明かりに薄暗く照らし出された洞窟を物珍しげに眺めるのだった。そこは岩に空いた自然の裂け目で、でこぼこの足場は緑の小さな藪で覆われていた。マノは持ってきた大きなマットを広げて二人を招き入れ、用意していたタロイモの朝食を勧めるのだった。年老いた王は疲れ果てて、既にまどろみかけていたが、カウェルは父の脇に座って夜明けを待つことにした。

薄紫色の明かりが徐々に海上に広がり始めた早朝、既に絶壁の下に来ていたパアルア王子は、すぐに愛する人の捜索に取り掛かったのである。彼はゆっくり、崖に掘られた一つ一つのクレヴァスをしっかりと確認しながら登って行った。それらのいくつかには大昔の大王たちの骨が納められ、石清水に濡れて輝いているのだった。パアルアが高台の平坦な場所に達した時、太陽はもうカネオへ平原の上に長い影を作っていた。愛する人の痕跡はまるで見つからず、ちょっとの間ラマの木の幹に寄り掛かって休んだ時、彼は足元の枯れ葉の間に落ちていた貝のブレスレッドを見つけたのである。それは愛のあかしに彼がカウェルにプレゼントしたものであった。パアルアはそれを拾い上げ、注意深くあたりを見回してみるといくつかの足跡が見つかったのだ。しかし、それを辿って懸命に断崖を登ったものの、細道は突然消滅し、崖の上ではただ白い雲だけがゆっくりと流れていた。

一方、カウェルの方からは、弱り切っているパアルアの姿をはっきりと見て取ることが出来たのだ。王子は、愛する人はきっとこの近くにいるに違いないと思いながら、むき出しの岩壁をじっと見上げていた。彼は大声で彼女の名を叫び、合図を送ってくれるように祈ったのである。だが、何の答もなく、はるか下の谷間からオオ鳥のギャーギャー鳴く声だけが聞こえていた。長いこと彼はむなしくその鳴き声を聞きながら、低木の間を更に登って行った。そして偶然にもカウェルの潜む洞窟のすぐ側を通り過ぎた時、彼女には彼の激しい胸の動悸が聞こえたのである。葡萄の葉の覆いを持ちあげてパアルアの姿を認めたマノは、長い槍を構えて王子の心臓を刺し貫く呪いをつぶやいた。その呪いを耳にしたカウェルは怖れおののいたのだったが、パアルアは運よくすぐにその場を離れて、平原へと下りはじめたのだ。それを知った王は気持が高ぶって、「お前の恋人は宝探しをあきらめたのじゃな」とカウェルをからかったのである。「感じの良いこの若者は、残念ながら、どうやら余の息子には相応しくないようだ。お前を元気づけてくれる、他のもっと良い恋人を与えてやろう。それは、ここにいる誠実なカイルアの領主マノだ。余は、沢山の豪華な贈物をカヌーに積み込んで、パアルア王子をコオアウからお送りすることにしよう」

　思慮深いカウェル王女には自分の置かれている状況が良く分かっていたので、何も言わず、全くの無関心を装って静かに隅の方に座っていた。しかし、偶然にもその時、彼女は葡萄の蔦のすき間から、恋人が去っていく姿をチラリと見たのだ。カウェルは彼が自分を見つけ出してくれることを懸命に願いながら、父に向ってそっとささやいたのである。

「お父様、お疲れになって、喉も渇いているのではありませんか。どうか、私にお酒の用意をさせて下さいませ。マノ様もご一緒に如何ですか。少しのお酒は、きっとお二人の気分を爽やかにしてくれることでしょう」

　王は大いに喜んで、快く娘の申し出を受け入れ、瓢箪から注がれたリキュールを飲み始めた。旨そうに酒を口にする王の姿を見ると、それまで飲まずに我慢していたマノも、ついにはこの誘惑には勝てず、共に飲み始めたのである。強力な酒の効き目はてき面であった。カウェルには、楽しい酒盛りをしていた二人が大いに盛り上がって酔い、やがて眠ってしまったのがわかった。彼女はすぐに覆いかぶさっている葡萄の蔓を押し分け、パアルアに向けてマントを振ったのだ。彼はその時、ちょうどパーリの麓にいて、ごつごつした岩壁を見つめているところだったのである。太陽は今まさに、海に沈もうとしていた。カウェルはそれでも尚あきらめず、マントを槍に結び付けてずっと振り続けた。そして、虚しい気持ちのままもう一度断崖を見上げたパアルアはやっとのこと、緑の葉の間で揺れているカパ布の白い輝きを目にしたのである。

若い王子は険しい崖を大急ぎで登り、間もなく隠れ家の洞窟に辿り着いた。そこにカウェルがいた。軽いいびきをかいて横たわるオアフ王の隣に、パアルア王子の知らない大男がまるで冬眠しているかのように熟睡していた。

「どこまでも、あなたと一緒に参ります」。カウェル王女がささやいた。彼女は、父王が武骨なマノと自分とをすぐに結婚させようとしていたと打ち明けたのである。黄昏の輝きがもう既に山の向こうへ消え去ってしまった頃、恋人たちはカヌーに乗って、泡立った海の上を遥かなカウアイ島に向けて出発した。

カウェルとパアルアは、ずっとその島に住み続けた。やがて二人に死が訪れると、愛し合っていた彼らは光輝く美しい鳥になって空に舞い上がり、今でも仲睦まじくカウアイの小川や滝を巡っているという。

(Paalua and Kawelu : More Hawaiian Folk Tales. 拙訳)

レペ・ア・モア(パラマのチキンガール)　W・D・ウェスターヴェルトによる

ハワイの大昔の伝説には時折、奇妙な話がある。レペ・ア・モア(Lepe-a-moa: 雄鶏の鶏冠)の物語は超自然的なものに対するハワイ人の考え方と、日常生活の行為との融合を示している。それは吟遊詩人によって何世代にもわたって受け継がれてきた古い伝説の一つで、最初の舞台はカウアイ島、後半はオアフ島に移った。

ケアフアはカウアイ王室の首長の一人でした。どうやら彼は島の最高位の首長だったようですが、それは男性が少なく上級首長と神々が多かった時代でした。彼は少年期をカウアイ島ワイルアの豊かな土地で過ごし、そこから深い水路を通ってオアフ島に渡り、美しい娘カウハオの後を追って首長カパラマの家に来て、彼女を妻としてカウアイ島に連れて行きました。しかし、ケアフアが戻った直後、クプア神の一人が彼に腹を立てました。クプア(kupua: 霊的な存在)は二重の身体を持つ神で、時には人間の姿に、そして時には動物の姿に変身し、その身体は常に超自然的な力を持っていたのです。

このクプアはアクア・ペフ・アレ神(膨らんだ大波の神)と呼ばれていました。彼は敵をむさぼり食い、自分の部族からさえ大いに恐れられ、嫌われていました。この神がケアフアを攻撃して人々を殺戮し、彼を山腹のはるか遠くの森へと追いやったのです。そこは新鮮な湧水が豊富なカワイキニ(多くの水)と呼ばれる場所で、ケアフア首長は家来を集めて新しい家を建てました。

ある日、ホノルルに住んでいたカパラマ婆さんは夫につぎのように言いました。「ねえ、ホノウリウリお爺さん。カウアイ島にいる私たちの娘は、魔法の力とクプアの性格を持つ子供を産むでしょう。恐らく、私たちはそこへ行って子供を養子にして連れ帰ってくることになります。何といっても、その子の中には私たちの血が流れているのですからね」

二人は水路を渡り、生贄を神々に届けると、自分たちのカヌーを隠して森に上って行ったのです。既に生まれていた娘の子は、なんとただの卵でした。父であるケアフア首長は、海の怪物への供物としてその卵を深い海の底に捨てるよう命じたのでしたが、母親と彼女の占い師はそれに命が吹き込まれるべきと考えたのです。

この時にやって来たカパラマ婆さんはその卵を受け取ると、柔らかいカパスで丁寧に包んで、娘に別れを告げ、オアフ島に戻りました。ここで彼女はお爺さんに、集めることができる最高の草を使って立派な茅葺屋根の家を建ててくれるように頼んだのです。ベッドと衣類の内側のカパは香水で、香りのよい生姜の花やバラの花、そして繊細なココナツの花、甘い香りのマイレ(香りの良い蔓植物)の花飾りが壁を飾っていました。

その卵は長い間、柔らかいカパスに包まれていました。

ある日、カパラマ婆さんはお爺さんに、孫のためにイムー(オーブン)を準備するように言いました。お爺さんは石を集め、穴を掘り、火の棒を取り、火が出るまでこすりました。それから穴に火をつけると、木を置き、石を置き、非常に熱くなるまで加熱しました。立派なサツマイモを手に取り、葉で包み、束を石の上に置き、全体をマットで覆い、芋を調理するための蒸気を作るのに十分な量の水を注ぎました。

すべてが完全に調理された時、カパラマ婆さんが卵の家に行って中を覗くと、その卵から素晴しく美しいニワトリが生まれるのを見ました。羽はあらゆる種類の鳥のあらゆる色でした。お爺さんとお婆さんは鳥の子をレペ・ア・モアと名付けました。調理した甘い芋のかけらをあげると、それを食べてから鳥は頭を羽の下に置いて眠りについたのです。

この鳥は女の子で、先祖は空の最も高い雲の中に住んでいました。先祖の女性の名はケ・アオ・レワ（動く雲）。彼女は空の魔術師でしたが、時には大きな鳥や女性の姿で地上にやって来て様々な方法で身内を助けてくれるのでした。卵がカウアイ島から運ばれると、ケ・アオ・レワは家来たちに子供が泳げるプールを準備するようにと言いつけました。

鳥の子は新しい生活に入ると、食事をして休んだ後はプールの端に行き、毛づくろいをしたり、甘い水を呑んだり、泳いだり潜ったり、水しぶきを上げたりしていたのです。この遊びに飽きると、外に出て木の枝に飛び上がり、水を振り払い身体を乾かしました。そのちょっと後、彼女は家に飛んで行き、柔らかい極上のカパにくるまれて眠るのでした。

毎日、彼女は食事をしたり入浴したりして、自分で鳥の形をとても美しい少女の姿に変えました。その身体は海の太陽の赤い道のように、あるいは空にかかる虹のように輝きました。

こんな風に変身していたある日、彼女は顔を下に向けて身体を伸ばすと、お爺さんとお婆さんに呼びかけました。「あなた方お二人はどこにいらっしゃるの？　きっと、家の中なのね」

弱いくぐもった声を聞いた二人は、言いました。「私たち二人を呼ぶあの声は、どこから聞こえてくるのでしょう。奇妙ですね。この禁じられた場所には誰も近づけないはずなのに。ここは私たちと私たちの子供たちだけの所なのですからね」

「もう一度聞いてみましょう。恐らく誰の声かわかるでしょう」とお婆さんが言いました。すぐに前と同じような子供の鳴き声を聞くと、カパラマ婆さんが言いました。「あの声は私たちの子供の家から聞こえてきます。私たちはそこへ行かなければなりません」。お婆さんは家に駆けより、ドアを開けて中を見ました。床に横たわっている美しくたくましい女性を見て、カパラマ婆さんは驚いてよろめき、まるで死んでしまったかのように地面に倒れてしまいました。

ホノウリウリ爺さんはお婆さんに駆け寄り、身体をこすり頭に水をかけ、生き返らせました。お爺さんが心配して尋ねると、お婆さんは言いました。「その声を聞いた時、家のドアのところに行って中を覗きました。そこには驚くほど美しい人間の肉体を持つ孫が横たわっていたのです。私たちを呼んでいたのは彼女の声でした。私は彼女を見ると、驚きのあまり倒れてしまったのです」。二人は少女の家に行き、そこで美しい緑と黄色の羽のレイとガーランドを身に着けている孫の新しい身体を見ました。そして、お婆さんは色のついたパウ(スカート)を渡して、彼女に巻き付けました。

このようにレペ・ア・モアは彼女の二つの身体に入り込み、魔法の力の贈り物を受け取りました。彼女は非常に美しい少女で、栄光が炎を放射するように身体中から輝いて家を満たし、周りの霧の中を通り抜けて素晴しい虹色に輝いていました。

ほとんどすべてのハワイの民間伝承や歴史は、高位の首長が生まれた家の上には神から与えられた虹が時々アーチを描くと伝えてきました。古い伝説では、首長にかかるこの虹は首長自身の身体から発した色の輝きによって作られたものであるかのように語られています。高位の首長の家族で奇跡の力をもって生まれた子供は、ほとんどの場合、雷や稲妻や嵐を伴って誕生します。そして生まれた場所の周りには色鮮やかな虹が出るのです。これらの虹は通常、子供がどこへ行っても追いかけ、止まった場所で止まるのです。子供の中にある王家の血の栄光は非常に大きく、燃える炎のように家の茅葺屋根を通して暗闇の中で炎を貪り食うように輝き、もし子供が海にいるなら、水しぶきを通して虹がダンスをしているかのように輝きます。

いくつかの伝説は、古代の魔術師には、異なる王族のメンバーから放射される色の違いを伝える力があるとしています。魔術師である司祭は恐らく、海の遠くに浮かぶ小さな色の塊が付いたカヌーを見て、それに乗っている人物と、その出身の首長の家族に名前を付けることができるでしょう。島から島へのこれらの王家の血の虹を識別し、その人がその時にどこに滞在したかを知ることができたことさえ知られています。レノ・オ・プア・カウは首長の存在を示すこれらの兆候を管理していた神でした。

レペ・ア・モアの美しさは輝く力に満ちていたので、彼女の色は周りの空気に留まり、どこへ行っても彼女についてきました。彼女の虹は家にいる時は家の上にあり、泳いでいる時はプールの上にあり、ビーチに降りた時にも彼女の上にありました。ある日、彼女はお爺さんお婆さんにこう言いました。「私は海へ行って、魚やコケといった別の食べ物が欲しいわ」。ニワトリの身体で彼女は出されたジャガイモ料理を食べましたが、人間の姿になった時、友達の料理を望んでいたのです。喜んで海岸に降りると、マララの波が押し寄せてくるのが見えました。彼女の家の近くでは、細かい砂の浜が白い波を歓迎していました。レペアモアはこの白い波を見ると、「私の愛、最初の波。私はこの白い波に乗るわ」と歌いました。

少女が浜辺に向かって押し寄せる波の上で休んでいると、現れたイカが長い腕を投げ出して彼女を捕まえようとしているのが見えました。レペアモアは笑ってそれを手に取り、「神々の為に、最初のイカをひとつ」と言いました。少女はこれをビーチにもって行き、スカートとレイと一緒に砂の上に置いた魚籠に入れました。また海に入ると、二杯(匹)のイカが彼女に会いに上がってくるのが見えました。今度は、「お爺さん、お婆さん、イカを二つあげます」と歌い、捕まえて籠に入れました。再び、一緒に波に浮かんでいる別のイカを見つけて捕まえ、「このイカは私のもの」と叫びました。

お爺さんとお婆さんは素晴しい食べ物をもらって、とても喜んでいました。少女は何度も何度も海に出ては魚を捕り、サンゴ礁から甘いコケを集めていたのです。こんな風にレペアモアの子供時代は過ぎていきました。カパラマ婆さんは自分たちの住んでいた場所に彼女の名前を付け、お爺さんはホノルルの西の地区に、ホノウリウリという自分の名前をつけました。そして、鳥の子の両親は、敵であるアクアペフアレ神から隠れて、依然としてカウアイ島の森の中の家に住んでいました。

カウイラニ首長とアクアペフアレ神のこと

しばらくしてレペ・ア・モアの母親はカ・ウイ・ラニと名付けられた元気な男の子を産みました。彼がカワイキニの水源のそばで生まれた日、大嵐が国を襲いました。雨は激流となり、赤い流れとなって谷を下っていきました。雷が鳴り、稲妻が光り、地震が大地を揺るがして綺麗な虹が彼の生家の上にアーチを描きました。今回は男の子が生まれたので、父方の家系に属することになったのです。彼の祖父母の名は、ラウ・カ・イエイエとカニ・ア・ウラでした。

祖父母はその子を、力の水であるワイ・ウイと呼ばれる素晴しい泉に浸しました。この水は浴びた人に急速な成長と大きな力、そして、驚くべき美しさを与える力を持っていました。子供はこの泉に何度も連れていかれたので急速に成長し、間もなく、少年の年齢なのに大人の男になったのです。二人の老人は非常に大きな力を持つクプアたち(kupuas: 霊的存在)でした。彼らは人間のように見えることもあれば、場所から場所へと風のように飛ぶこともできるのです。二人は少年に二重の身体を与えることはできませんでしたが、神のような運動能力を持つカ・ウイ・ラニという名と超自然的な力を与えることができました。祖父母はパイ・ヒク(たすき)と素晴しいマロ(下帯)を少年の身体に縛り付けました。

父親のケアフアが男の子を見た時、「どうしてこんなに早く成長して大人になったのか? お前は生命力にあふれているね。今こそ、お前は私を助けることができるぞ。ずっと前から私と反目していた奴が、私を殺しにやって来るのだ。だからこそ、我々は彼の手の届かぬこの山の森に住んでいたのだ。きっと、お前と私の家来たちはこの敵を倒すことができるだろう」と、彼にアクアペフアレ神の性格とその棲み家について語りました。

カウイラニは父親ケアフアに、「私の計画を採用してくれれば、たぶん我々はアクアペフアレ神を殺すことができるかもしれません」と言いました。父親は同意して、どのような措置を講ずるべきなのかと尋ねました。それからケアフアは家来たちを山に送り、アハケアの木を切り倒して厚板を作り、家の近くの絶壁の下に棒を持って行って地面に置くようにと言ったのです。残りは海に運ばれ、そこに杭として設置することになっていました。

その夜は、若き首長カウイラニの魔術によって非常に暗くなりました。人々が皆ぐっすり眠った真夜中、首長は暗闇に出て神々に呼びかけました。

「おお、山よ！　海よ！　南よ！　北よ！　神々よ、我々を助けにおいで下さい。内陸のパーリのふもとにはアハケア(の木)があり、ヒナのビーチ沿いにもアハケアが立っております。ハレレアのパーリのふもととワイルア海岸のそばにある様々なワウケを増やしてください。今夜は我々の為にバナナが用意されております。神々よ、パンノキとサトウキビは私たちのものなのです！」

この呪文を繰り返しながら、カウイラニは家に入って眠りました。朝、父ケアフアが外に出てみると、絶壁の下に植えられた木は根を張り、枝を送り出し絡み合って、ほとんど入り込むことができないほどの茂みを広げていました。

ケアフアは妻を呼んで、「私たちが寝ている間に、こんな素晴しいことが起った」と言いました。カウイラニは外に出ると父親に、すべての人々を呼んで、ワウケの木から樹皮を切り取り、それを叩いてカパにし、広げて乾かすように頼みました。これは素早く行われ、二軒の大きな家も建てられて同じ日に完成したのです。彼が再び神々に祈っているその夜には、沈黙のタブーが求められました。

すぐに深い闇が地を覆い、人々は疲れ果てて眠りについたのですが、カウイラニだけは呪文を唱えて目覚めたままでした。神々が木を伐って像を彫り、その木像で家々を埋め尽くすという迅速な仕事に耳を傾けていたのです。

翌日、目を覚ました父親と彼の部下が家々に行ってみると、どの家の中も像であふれ、周りの平地もフェンスもやはり像で覆われているのがわかりました。

カウイラニは父親に言いました。「部下を内陸の高い丘に行かせ、我々が戦の準備をしている間、乾いた槇を燃やして敵の注意を引き付けてください」

さて、アクアペフアレ神は海で身体を動かしていると、丘から煙が立ち上り、雲と混ざり合っているのを見ました。

「あれは普通の雲とは違うぞ。誰かが火を焚いているに違いない。どんな奴がわしの目を逃れたのか？　そこへ行って見てやろう、そして、見つけたなら食ってやろう」と神は言って、その魔法の身体で下のカワイキニの海岸へと飛んで行ったのです。

すべての人々は海の怪物に立ち向かうために、一人残ったカウイラニによって隠されていました。彼は二軒ある大きな家の、両側に男の目を持つ像のある一つの戸口に立ちました。

アクアペフアレ神が現れ、若い首長に目を向けて言いました。「なぜここに隠れているのか？お前は今、わしの食べ物となるだろう」。神は口を大きく開け、上顎を絶壁のように突き上げ、下顎を地面に置きました。その二つに割れた舌は素早く動き、飛び跳ねて首長とそばにあった像を呑み込もうとしました。

カウイラニは厳しく言いました。「今日のところは、あなたの場所にお戻りなさい。そうすれば、あなたは明日戦いのためにあなたの居る所に行く私を見ることができるでしょう」

神はためらって、それから言いました。「この場所はよく肥えていて香しい。お前の骨は柔らかく、肌は輝いている。今日、お前の身体の栄光は止むだろう」

首長は何ら動揺せずに答えました。「ちょっとお待ちください。ここは私の場所です。もし私があなたを殴れば、あなたは私の食べ物となり、あなたの身体の断片と土地と財産は雨粒のように私に落ちるかもしれません。私が全力を尽くせば、あなたは死ぬことになるでしょう。あなたは非常に年を取って、まぶたは垂れ下がっており、皮膚はウニヒピリ神(皮膚と骨の神)のように乾燥しています。でも、私は若いのです。今日は私たちの戦いの日ではありません。明日は争えます。あなたの海岸に、明日私は降りて行くでしょう」

「戦う」というカウイラニの約束の言葉を聞いたので、神は少し考えた後、勝利のためにより良い場所に戻ろうと決めて向きを変え、岸に戻りました。

若い首長はすぐに父親と人々を呼んで、こう言いました。「明日、私は我々の敵と戦うことになるでしょう。ひょっとすると、彼は私を殺すかもしれません。もしそうなら、父上にとって私の死は輝かしいものになるでしょう。明日疲れ果ててしまわないよう皆に満腹になるまで食事をするように命じ、その後は眠らせて下さい」

カウイラニは戦闘と防御の計画を立てました。彼の母親と世話をしていた祖父母は、多くの人々と共にパーリのふもとに生えている木々に守られて戦い、神とその民を、幽霊の神アウマクアスの木像でいっぱいの家に向かわせることになっていました。

全員が眠っている間にカウイラニは暗闇に出て、夜明けから夜まで働き、自分の力を保ち続けることができるように何千もの多数の神々に祈りました。

朝、彼は魔法の力の帯を身にまとい、降りていく準備をしました。

父ケアファは研ぎ澄まされ先が鋭い形の槍を持って息子の所へ来ると、それを二人の間に立てて言いました。「この槍はお前の祖先だ。奇跡の力を持っているから、お前に何をすべきかを教えてくれる。この名はコア・ウィ　コア・ワだ。お前の世話をし、お前のために戦う」。若い首長は感謝して槍を取り、言いました。「父上、今日の戦いの見張り人になってください。争いの煙が空に立ち上り海に向かってさっと動いて、ついにあなたの前にやってくるなら、私が死んだとわかるかもしれませんが、煙が絶壁のふもとに立ち上り大きな家々に沿って進むなら、敵が殺されたことがわかるでしょう」

それからカウイラニは槍を持って海岸近くの原野に降り、ずっと神々と原野に話しかけました。彼が海岸にやって来ると、アクアペフアレ神が力強い龍のように立ち上がり、轟音を立て、反響する雷のような音をたてているのが見えました。神が若き首長に駆け寄ると、大波が岸辺に打ち寄せるような音がして、戦場の砂と土は大きな雲の中に巻き上げられました。アクアペフアレは動物の姿で戦ったのでしたが、それはまさに巨大な腫れあがった海の怪物でした。

カウイラニは鋭利な槍を鳥の翼のように素早く振り回しながら、「おお、コア・ウィ　コア・ワ、命中せよ、命中せよ！　私たち二人の生命のために命中せよ！」と唱えました。彼の魔法の帯の力は腕を逞しくし、槍はそのすべての考えと調和して行動する準備ができていました。

槍は神の開いた口にぶつかると、絶壁と茂った木々の方に向かって行き、神は槍の素早い一撃によって後方へ押しやられました。さらに、突進した首長がパーリに向かって跳躍したため、神は慣れ親しんだ自分の陣地から追い出されて茂みに巻き込まれ、カウイラニの槍の攻撃に悩まされたのです。

ついにアクアペフアレの顔は、神々でいっぱいの家に向けられました。しかし、すべての幽霊の神々が木像に込めた力が今アクアペフアレに降りかかって、彼は急速に衰弱し始めました。神は力の喪失を感じ、若い首長に勝つ見込みがないと思い知ったのです。

カウイラニは彼に激しい打撃を与え、槍は何度も跳ね返りました。神はカパアと呼ばれる場所で渓流に転がり込んだものの、溺れそうになりました。それからアクアペフアレ神は木像が参加した家に逃れて激しく戦い、木像の多くを自分の歯でバラバラに引き裂いてしまいました。

いくつかの伝説によると、カウイラニの祖先である(高い空の雲の中に住む、あの)ケアオレワは、(カウイラニの姉である)鳥の子レペアモアを見守っていましたが、アクアペフアレ神が敗北するようにと、雲の中にある彼女の家からやって来たそうです。

すべての力が団結し、敵を巨大で神秘的なマナ(mana: 超自然な力、生命力)の雲や奇跡的な力で追い込み、アクアペフアレ神は切り槍コア・ウィ　コア・ワのとどめの一撃を受けて死にました。それからカウイラニと彼の勇士たちは死体を大きな家の一つに転がしました。そこで若き首長は、戦いで助けてくれたすべての神々への捧げものとして、崇拝と犠牲の聖歌を捧げたのです。

この儀式が終ると彼は家々に火を放ち、アクアペフアレ神の遺体と紛争後に残ったすべての木像を燃やしました。そして、これを見ていた父ケアフアは息子である若き首長カウイラニが敵を殺したのを祝い、勝利者と彼の助っ人のために盛大な御馳走を用意させました。

カウイラニは両親と祖父母と一緒に、打ち負かされた神の召使たちが所有していた大きな魚のいる池、そしてタロイモとサツマイモの植えられた土地を含むワイルア周辺の島のすべての部分を所有しました。これらを彼は父親の忠実な部下たちの管理下に置き、追い出された土地の王に父親を復活させたのです。

カウイラニが姉のレペアモアを見つけたこと

良く知られた邪神との戦いが終って、しばらくの間カウイラニは両親が安定した平和な政府を打ち立てるのを手伝っていたのでしたが、その後は新しい体験がしたくてうずうずしていました。ある日、彼が母親に「自分は一人っ子なのですか」と尋ねると、母は、卵で生まれ、とても美しい少女になった姉の話をしたのです。彼は姉を見たことがありません、というのも、彼女は生まれるとすぐ祖父母にオアフ島に連れられていって、そこで育てられたからなのです。カウイラニが言いました。「私は姉に会うためにオアフに行きます」

「そうね、それが良いでしょう。あなたに私の部族とその島について話しましょう」。母は、息子の祖先、祖父母、そしてヌウアヌ川とそれに隣接する平原周辺の豊かな土地について話しました。また、彼が島を渡って祖母であるカパラマに会いに行く時の立ち寄り場所についても話しました。その場所で彼は、強い色合いの虹の下で姉を見つけることになるのです。

両親は、カウイラニが立派な魔法の帯と一緒に着る赤い羽根のマントを用意しました。彼はこれを着ると、祖先の槍を持って海に降りました。槍を水の上に置いて飛び乗ると、それは大きな魚のように水の中を駆け抜け、波から波へと跳躍し、マロロ(トビウオ)のように海をさっと動いてワイアナエの砂丘沿いにあるオアフ島の海岸に彼を運びました。

彼は槍を手に、島の日の出側に向かうカパラマへの道を進んでいきました。それから槍をダーツのように投げたのでしたが、それは地面に沿って滑ったりスキップしたりせず、空中に飛び出して鳥のように若い首長の前を進みました。

槍は遥か遠くの場所に勢いよく飛んでいくと、そこで働いていた二人の女の足元に落ちました。二人は見事に磨かれた美しい槍を見て、それを手に取ってすぐに秘密にしていた場所に隠してしまったのです。槍の落ちた地面にできた深い窪みをふさぎ、誰にも見られていないかとあたりを見回しながら埋めてしまいました。

すぐにカウイラニが彼女たちの場所にやって来て挨拶し、楽しそうに尋ねました。「ここを通って移動して行った私の仲間を、君たちが見たのはいつだい？」。二人は少し混乱していましたが、なにも見なかったと言いました。

それから彼は、槍が彼女たちの側を通り過ぎたかどうか率直に尋ねました。「僕のお友達、僕の槍を隠してはいませんか？」

「いいえ、私たちはそんな槍とは何の関係もありません」二人が答えました。

若き首長は「エー、コア・ウィ、エー、コア・ワ」と、そっと呼びかけました。すると、槍は小さく鋭い声で「エーオー・エーオー」と答えたのです。そしてその隠された場所から飛び出して、二人の女たちを近くの川へと突き落としてしまいました。

カウイラニは槍を持って海岸に降ると途中でそれを叱って、何かがうまくいかなかったら、「お前を壊してやる」と脅しました。すると、槍は「あなたは、私やあなたの祖先を傷つけてはいけません。さもないと、あなたの訪問はすべて失敗に終わります。しかし、もし私を浜辺に寝かせてくれたなら、あなたの姉上がいる場所に連れて行ってあげましょう」と言ったのです。

首長が言いました。「お前が私をだましているのではないことを、どうすれば知ることができるのだ？」

槍が答えました。「私の上に乗ってください。しばらくすると姉上が見える場所に着きます」。それから、文句を言っているカウイラニをコウの浜辺に運びました。そこで槍は地面に横たわると、言いました。「あなたは、海のそばに立っているウィリウィリの木が海上を見渡しているのが見えますか？ あなたはその木に上り、波の上に虹がかかるまで海を見つめるのです。そうすると、女の子が虹の下でイカや貝を捕ったり、海藻を採ったりしているのが見えるでしょう。彼女は、自分のお爺さん、お婆さんのためにこうしているのです。彼女こそ、あなたの姉上なのです」

「見に行ってみよう。だけど、もし誰もそこにいなかったなら、私をだましたお前を罰し、細かく砕いてしまうぞ」

彼が木の所へ行って一番上の枝に上り、槍に指示されたように浜辺の方を見ると、水の上にとても奇妙なものが見えたのです。赤い霧と血まみれの雨雲が紺碧の波の上を行き来し、はるか空のふもとに向かって伸びて、少女が見えるはずだった場所も覆っていました。彼は、虹も女の子も見えないと槍に呼びかけました。

槍はすぐに答えました。「海面ではすべてが急速に変化するのです。もう一度見てください」

カウイラニは、渦巻く霧と雨がゆっくり動いている中に体と翼に沢山の赤い羽根をつけた巨大な鳥を見ました。鳥は海から飛び立つと、太陽の光を隠し、浜辺全体に暗い影を落としました。彼は再び槍に呼びかけました。「海の上を飛んでいるこの大きな鳥は何者なのだ？」

槍が答えました。「それはあなたの先祖の一人、クプアです。彼女は二重の身体を持ち、鳥のように見える時も、人間の姿をしている時もあるのです。名前はカ・イワ・カ・ラ・メハ。彼女はすべての島に住まいを持ち、カヒキに住んでいたこともありました。カネ神とカナロア神の海を越えて、あなたの姉レペアモアの所へやって来たのです」

カウイラニはこの偉大な鳥が海から昇り、空をぐるぐる回って消えてしまうまで見ていました。すぐに空が澄み始め、遠くに虹と女の子が見えました。彼は降りてくると、槍が言っていたことは全部本当だったと言いました。槍は若い首長に再び乗るようにと頼みました。彼がそうすると、カパラマ婆さんが夫と孫と一緒に住んでいる家に一気に運ばれました。

その同じ日、レペアモアが籠を持って海辺に行ってしまった後、カパラマ婆さんは夕日の沈む道に沿って小さな雲が急いで流れていくのを見たのです。それを注意深く見ていると、雲にかかる虹を見つけたので夫に呼びかけました。「ねえ、ホノウリウリお爺さん、これはとても素晴しいことですが、私には、雲の中に現れた虹の中からカウアイ島の孫がここにやって来るのがわかります。お爺さんはすぐオーブンに火をつけて、私たちのこの若い孫のために食事の準備をして下さいな」

お爺さんはオーブンを準備し、すぐに訪問者のために鶏肉、魚、サツマイモを調理しました。

カウイラニが来ると、ハワイ人の昔からの慣習に従って祖父母は泣き叫びました。挨拶が終ってから、女性の立ち入りが禁じられている家に入り、食事をしました。その後、彼は外に出てマットに横たわって、二人と話したのです。

お婆さんは、カウイラニが父親の敵に対して槍で勝ち取った偉大な勝利を褒めたたえた後、どうして彼がオアフ島に来たのかと尋ねました。

「私は自然な二重の姿を持つ姉に会いたくて来たのです」と彼が言いました。

「そうなのですか。では、彼女の家に連れて行ってあげましょう。でも、お前はそこに空洞を作って、マットの下に隠れていなければなりません。お姉さんがお前のことを見たり聞いたりできないようにしなければならないのです。そうしないと、お前は死んでしまうことになるのですよ。しかし、お姉さんが眠りに落ちたなら、彼女がお前を自分の弟として受け入れるまで、しっかり抱きしめていなければなりません。うまくいくように、私は聖歌と祈りを唱えています」。そこでカウイラニは姉の家に隠れて、とても静かにしていました。

一方、釣りを終え、籠を持って家に向かっていたレペアモアは、虹が自分の家の上にかかっているのを見て、誰か見知らぬ首長が来ているのかなと思いました。彼女は喜んで、自分のお気に入りのチェッカーに似たコナネというゲームをその人と一緒にやろうと計画したのです。

彼女は家に入ると、お婆さんにその見知らぬ首長のことを尋ねました。誰か男の人の足跡を見たけれど、お婆さんはその人を隠しているのかしら、と言いました。

しかし、カパラマ婆さんは誰かが来たということを否定するので、娘は家に入って人間の身体を脇に置くと、いろいろな種類の鳥の姿になったのです。お婆さんは調理したサツマイモを割って、この鳥に食べさせました。好きなだけ食べた後、レペアモアはマットに横になると眠りに落ちました。

彼女が深い眠りに落ちた時、若い首長は彼女に飛びかかって腕にしっかりと抱きしめたのです。驚いたレペアモアは飛び上がると、彼を連れて家から空に舞い上がったのでしたが、槍の魔力が、彼がしっかり彼女にしがみついているのを助けたために、早く飛ぶことができませんでした。

レペアモアは、カパラマ婆さんが彼女自身とカウアイ島の若き首長のために祈りを唱えているのを聞いた時、急速に怒りが収まって、「あなたはどなた？　どこからいらしたの？」と尋ねたのです。

「私はカウアイ島の者です。あなたの弟のカウイラニですよ」、彼が言いました。

それから姉は弟を愛し初め、大喜びで二人を歓迎している祖父母の所へ戻りました。何日も何日も、若者たちと祖父母は一緒に幸せに暮らしました。後年、若き首長と彼の姉は、驚くべき方法でカクヒヘワ王を救ったのです。その結果、王はお気に入りの娘を妻としてカウイラニに与え、レペアモアはその子らの世話をすることになりました。

（Lepe-a-moa: More Hawaiian Folk Tales. 拙訳）

鳥が魂を運ぶ、あるいは霊魂が鳥の姿になるとは、特にインド・ヨーロッパで大昔から信じられたことである。インドやヒマラヤ周辺に今でも残る鳥葬は、死後の魂が少しでも天に近づいていくための葬法である。（私は以前、ボンベイ郊外で一度だけこの場所に行ったことがあるのだが、実に殺風景な所という印象しか残っていない）。

昔、ローマの皇帝たちは火葬の際、鷲を放って霊魂を天界に運んでもらおうとしていたし、更にさかのぼれば、古代エジプトの王たちも葬儀の時には鷹を放って、やはり自分の霊を天界に運んだのである。こうして王は不死鳥のように火の中を潜り抜け、鳥となって再生したという。

霊魂を表す鳥は火葬にされた肉体からも生まれ、それがエジプト神話に入って、不死鳥となった。不死鳥は人間のときもあれば火の鳥のときもあった。不死鳥 Phoenix はギリシャ語で「フェニキア人」Phoenician を意味した。フェニキア人とはビブロスの女神アスタルテに生贄として捧げられた聖王たちのことを言い、彼らは火で焼かれることが多かった。こうした祭儀がフェニキアの海外移住者たちによって北アフリカへもたらされ、カルタゴで実際に行われた。そこでは聖王たちはかなり後代まで火で焼かれたのであった。その聖王たちの鳥—霊魂は炎から再生して天界へ飛翔した。

（「神話・伝承事典」大修館書店）

魂を表す不死鳥とは火の鳥であり、緋色をしていると思われていた。カウイラニが見た赤い怪鳥カ・イワ・カ・ラ・メハもまさにこの象徴となっているのだろう。

さて、卵で生まれた孫を祖父母が海を渡って自宅へ連れ帰るモチーフは、考えてみると「桃太郎」にもよく似ているではないか。若いエネルギーが老人たちを再生させる話という訳だ。黄泉の国の出口にあった桃は強力なパワーを秘めて邪気を払い元気をくれるし、卵も一度生まれた後、さらに殻を割ってまた生れ出てくることから復活のシンボルとなっている。復活祭前、ヨーロッパの街角や家庭の中に色とりどりの卵が飾られている光景は、本当に心を和ませてくれるものだ。

何かしら偉大なことを成し遂げた英雄は、生まれた時から既に普通の人とは違っているのだと人々が思いたがる気持は、よく理解できるではないか。朝鮮神話の朱蒙もまた卵から生まれた英雄である。

高句麗の始祖とされるシュモウは、母のリュウカ(柳花)が日光によって受胎した卵から生まれた。リュウカの父親の河神は卵を深山に棄てたが、動物たちは踏み潰すことなくむしろ守ったので、誕生後は育てられ、高句麗を建国した。(「カラー版　神のかたち図鑑」白水社)

また、オセアニアの島によっては「最初の人間は卵から孵ったといわれている」(「世界シンボル辞典」三省堂)から、この物語にもそんな影響があるのかもしれない。元々オセアニアでは鳥に対する信仰が多く、十六世紀頃ポリネシアのラパヌイ(イースター島)で流行した鳥人信仰はよく知られていた。

ギリシャ神話のレダ（Correggio）

そこでは早春の九月に島人は島南西端にあるオロンゴの岬に集まる。選ばれた若者たちはアジサシの類が年に一度渡ってきて沖の小島に卵を産むのを待つ。アジサシが到来すると一斉に崖を駆け下り、海に飛び込んで小島に泳ぎ着き、無事最初の卵を持ち帰った者がタンガタ・マヌ（tangata-manu）、すなわち鳥人として一年間村人から隔離され崇拝を受ける。

（「世界神話伝説辞典」勉誠出版）

ギリシャ神話のレダも、ゼウスとの子ヘレネを卵で産んだことになっている。それはゼウスが白鳥に変身してレダに求愛した結果なのだが、しかし、ヘレネは女神ネメシスの産んだ卵からかえったのであって、レダは単に彼女を育てたにすぎないという別な話もある。裸で沐浴している美しきレダの前に現れる白鳥のモチーフは画家の絵心を大いに刺激するらしく、ダヴィンチ（作品は写真のみ現存する）をはじめとして多くの画家たちによって描かれた。(中世絵画は理由のない裸の絵など禁じられていたから、その題材をギリシャ神話などに求めたのは当然なのであった)。

因みに、トロイア戦争の総大将であった夫アガメムノンを殺害したクリュタイムネストラもまたレダの娘だ。だいぶ以前にペロポネソス半島のミケーネ遺跡を訪れた時、三角ドームの形をしたアガメムノンの墓に入ったことがあったけど、そこは少し蒸し暑くて、どことなく異様な雰囲気が漂っていたのを覚えている。トロイア戦争の英雄の墓が残っていること自体が驚きであったが、更に、彼を殺した妻クリュタイムネストラの墓も王国の敷地外に残されていたことにも驚いた。彼女は国王を暗殺した極悪人なのだから、墓が残されていること自体意外だったのである。

卵の話の最後に、ギリシャ神話より更に古いエジプトの創造神プタハもまた鵞鳥の産んだ卵から生まれたことになっているのを付け加えておこう。

鳥への変身物語でもう一つ私が思い出すのは、「千夜一夜物語」四八三夜から始まる「巨蛇《おろち》の女王」の中の、非常にエロティックな一挿話である。これは日本の羽衣伝説とほぼ同じストーリーで、前半はフランスの「ジル・ドレ」つまり「見るなの座敷」と同じモチーフといって良い。この五〇一夜から一部を引用してみよう。ヤンシャー王子がお屋敷の禁じられた部屋を開けてみると、そこには小川の流れる果樹園があり、大きな水盤や池もあった。

（前略）だしぬけに鷲ほどもある三羽の鳩が蒼穹に現れ、園庭まで飛んでくると、池のそばに舞いおりました。あちこち様子をうかがってから、人間も魔神もだれひとりいないと見てとると、三羽の鳩は羽衣をぬいで三人の乙女と化し、池に飛びこんで、笑いさざめきながら泳ぎまわりました。一糸まとわぬ乙女たちの姿は、さながら純銀の棒を思わせるような美しさでした。

（バートン版「千夜一夜物語（4）」河出書房新社）

この後、ヤンシャー王子がある老人の助言に従って、女の羽衣をしっかり握って隠してしまうのは日本の羽衣伝説と同じである。翼を使って自由に空を飛べるという鳥の持つ不思議な能力に、人間は昔から大きな憧れを抱き続けてきたのである。

ホテル

再びワイメアにやって来た。ショッピングセンターにあるファミリーレストランで焼きそばを注文。それにチャーハンと酢豚、マーボー豆腐を添えてもらって約五ドル。

先ほどから、霧雨が降ったり止んだりを繰り返している。珈琲は三六セント。葉巻を吸い終えたなら、早めにホテルに戻ろうと思う。お天気が悪いし、久しぶりにじっくり本を読むのもいいかもしれない。

机の上のスタンドを移動しようとしたら、しっかり固定されていて駄目だった。午前三時、ラジオからは静かに「タラのテーマ」が流れている。こちらのラジオは、日本のように余計な無駄話を入れずに、静かな音楽だけを流し続けるのがとてもいい。

昨晩のテレビは、ヘルムート・ロッティ(Helmut Lotti)の歌があまりにも素晴しかったので、読んでいた小説を中止して、ついつい十時まで見続けてしまった。(今ではユーチューブでも彼のショーを見られるはず。イスラエルの「Shalom Alechem」など、お勧めだ)。彼は、英語、独語、伊語等々六カ国以上の言葉で歌っていたが、どれもうまいものである。一度、二重唱の時に何故か突然アダモが登場してきたけれど、彼の歌はちっともうまくなかった。

ふと気がつくと、テレビ横の大きな鏡に、眠たそうな目をして髪をぼさぼさにした中年男が映っていた。

CNNでは、どこかの沖合いに墜落した飛行機のニュースを繰り返し放映している。花を持って海岸に立ち尽くしている遺族の姿。砂浜に一本だけ置かれた薔薇の花から深い悲しみが伝わってきた。

深夜に、F教授が書いた欧州旅行記を読む。克明に記録をとったノートが何十冊にもなると、教授はやや自慢げに書いているのだが、所々に出てくるそのような描写はまったく面白くなくて、途中で投げ出してしまった。

午前三時に一度トイレに起きた後は、七時まで寝ていた。何の不満もないはずなのに、うまくいかない夢ばかり見る。電車に乗ろうとしてもなかなか乗れなかったり、手に握り締めていた大きな五百円玉を無くしてしまったり。後で気がつくとそれは黄色い靴下と靴の間に挟まっていたのだけれど……。どこかで妹の声がしていたのを覚えている。

アメリカの若い男女数人が、私の車を乗り回している。彼らは土足で家に入ったらしく、床は泥だらけだ。再び外に出てみると、今まで走っていたはずの車はどこかに行ってしまって誰もいない。「さて、車を捜さねば……」と思っていたら、ちょうどそこへ自転車に乗った婦人警官が通りかかった。彼女の顔は、シドニー・オリンピックで金メダルを取った黒人スプリンターにそっくり。私は英語で話していたのだろうか。暗闇に彼女の白い歯だけが異様に光っていた。

私は高いビルにある一室にいる。外にはニューヨークの摩天楼のような巨大なビル群が広がっていた。廊下に出ていくと、非常口のガラス戸の向こうで、一人の若い男が空に向かって何事かを叫んでいた。

そのうち彼はだんだん前かがみになりながら叫ぶので、「危ないな」と思っていたら、案の定、両足とも踊り場を離れて、身体がふわりと宙に浮いた。しかしその男はスーツを膨らませながら、まるで細長いゴム風船のように向かい側のビルに飛んでいき、窓ガラスを蹴破って中へ飛び込んでいったので、私はほっと胸を撫で下ろしたのであった。

九時にホテルを出て、ケアウホウビーチに行く前に、ケアラケクア・ベイ(Kealakekua Bay)へと下りて行く。五分ぐらいで着くだろうと思っていたら、十五分以上もかかってしまった。較べるものが何もないのでよくわからなかったが、海は見た目よりもずっと遠くにあったのだ。海辺まで行くと、何台かのジープが止まり、カヌーで漕ぎ出そうとしている男女がいた。遠く入り江の向こう側には椰子の林に囲まれて、キャプテン・クックが最初に上陸した地点を示す白い記念碑が見える。

一七二八年イギリス生まれのキャプテン・クックことジェイムス・クックは、一七六九年、艦長としてタヒチ島に赴き、金星の太陽面通過観測を成功させている。三度目の航海でニュージーランドからハワイ諸島に至り、一七七九年住民たちとの諍いによって非業の死を遂げたのであった。「神々の通り道」を意味するこのケアラケクア・ベイには、昔クックのように多くの人々が上陸したのであろう。あるいはそれは本当に神様たちであったのかもしれない。私は会津地方出身のゼミの女学生が、「自分の家が建っているのは裏磐梯にある山の神という場所です」と言っていたのを思い出した。実際、彼女の家のあたりは山の神の通り道になっていて、神様が通り過ぎる時には、家族全員がその気配を感じるという不思議な話であった。住所も確か「山の神」という表記で、そしてその地域には、同じ表記が何カ所かあるらしい。ケアラケクアもひょっとするとそういう場所なのであろうか。

木陰を渡る風は快適だったけれど、何もないところなので、すぐにまた今来た道を引き返した。

再びワイメアから一九〇号線に沿ってコナに向かっている。両側は緑の牧場だったが、しばらく行くとその緑も消え、枯れ果てた荒地が続いた。お天気も目まぐるしく変化し、七〇〇メートル付近では霧と雨とのダブルパンチ。ずっと下り坂だったせいかガソリンはほとんど減らなかった。コナには予定通り四時前に到着。町に入る手前まで一箇所も信号機はないのだから燃費は向上するし、非常に運転もし易い。

三カ月前南ドイツをドライブした時にも感じたのだが、走行している車を無理やり止めさせる信号機自体、相当野蛮な道具なのではないか。南ドイツでは郊外の一般道路のほとんどが立体交差になっていて、直進している限りほとんど信号に出会うことはなく、だからこそ高速道路ではなくともスピード上限が一二〇キロまで可能なのである。後何十年たっても日本の道路構造がドイツのようにはならないと考えると、悲しくなる。

インクがほぼ無くなってしまった。先ほど吸った葉巻の残り香がぷーんと部屋にただよっている。煙草の吸殻は嫌な匂いだけれど、葉巻はこの点まるで違う。

シャワーを浴びた後、ベランダに出て海を見ながらビールを飲む。それにしても、メイド・イン

ＵＳＡは、ビールもワインも食べ物も、例外なく不味いのはどうしたものだろう。

夕暮れ時、厚い雲の下から橙色の太陽がまたぽっかり姿を現した。太陽の浮かぶ海の上と、空の一部だけが桃色に光るこの時間はとても素敵だ。ラジオからはプレスリーの音楽が流れ、以前にもこんな瞬間があったような、遠い昔への言い表し難い郷愁が漂う。

近くのメキシコ料理店で夕食にしようと歩き出した途中で考え直し、日系三世が経営している小さなレストランに入ってみる。中は高い天井に扇風機がいくつか回り、大正末期か昭和初期といったレトロな佇まいだ。七時頃のせいか、ほぼ満席状態である。西洋系の人たちが、白米と焼き魚、そして大根の煮付け等を旨そうにお箸で食べている光景は、私にはなんとなく違和感があった。奥のテーブルでは真っ赤なシャツを着た二人のお爺さんが、ビールグラス片手に楽しそうに話している。そのうちに一人、また一人とその大きなテーブルにやって来たお爺さんたちが、皆そろいもそろって真っ赤なシャツを着ていたのがとても愉快だった。

朝六時に目覚める。この頃やっといいコンディションになってきた。やや太ったかなと感じるのも身体の調子がいい証拠なのだろう。軽く体操をして、十分も時間をかけて歯を磨く。あまり長生きしたいとは思わないけれど、しかし死ぬ直前までは元気でいたいものだ。「死んだ後でもずっと元気でいるように！」と自分にいいたいような朝。

冥界からの帰還

冥界に妻を迎えに行ったギリシャ神話のオルフェウス(Orpheus)や、黄泉の国へ行く日本神話のイザナギに似た話がハワイにもある。

伝説によればオルフェウスは素晴しい音楽家で、木や石でさえ彼の音楽を聴きにやって来たという。妻エウリュディケが蛇にかまれて死んでしまった後、悲しみに襲われた彼はラコニアのタイナロンというところから冥界に下りていくのだ。

彼の音楽によって、黄泉の国の亡霊たちは恍惚となり、ハデスやペルセポネですら気持を和ませた。彼らは彼に好意を示し、ある一つの条件を付けてエウリュディケを連れ帰らせてやろうとした。それは、オルフェウスが先に道を進み、二人が地上に戻り着くまでは決して振り返ってエウリュディケを見てはならない、というものだった。

(「ギリシャ・ローマ神話事典」大修館書店)

オルフェウスが最後に我慢できずに振り返って、妻の顔を見てしまうのも「禁止の魔力」という訳だろう。その結果、彼女は霞の精霊と化し、ハデスの館へとかき消えてしまったのである。

日本のイザナギ・イザナミ神話でも、黄泉の国へ行った夫はやはり妻を連れ帰るのに失敗しているのだが、このハワイの物語「椰子の殻に詰めた霊魂」は見事に成功しているのが面白い。

ヒクという若者が、手なれた弓に魔法の矢をつがえて、人里の方にきって放ちました。そして矢の落ちた所にたどり着いては、また、先の方に射放つのでした。こうして飛んで行く矢に導かれて歩いているうちに、矢は、とある村に住んでいる一人の麗しい乙女の脚下に落ちました。

カウェルと呼ばれたその乙女は、矢を拾い上げると、手早くそれを隠しました。ヒクは落ちたと思う所に矢が見えないので、乙女に、

「このあたりに弓の矢が落ちてはいなかったでしょうか」

と尋ねました。乙女はわざと、

「私、知りませんのよ」

と答えました。ヒクは笑って声高に矢を呼びました。と、矢が返事をしましたので、すぐに隠してある所がわかりました。こうして、ヒクとカウェルとは仲良くなって、とうとう夫婦になりました。

ヒクはその村に暫く暮らしているうちに、ある日、母の言葉を思い出しました。で、妻に向かって、

「わしはちょっとお母さんに会いに行って来るよ」

といいますと、妻はたいそう悲しがって、しきりに引き止めました。しかし、夫がどうしても

聞き入れる様子がないのを見ると、とうとうヒクを一間に閉じ込めてしまいました。が、ヒクは妻の油断を見すまして、母の元に行ってしまいました。

愛人にとり残されたカウェルは、寂しさと悲しさとのあまり、重い病にかかりました。山の中にいて、その便りを聞いたヒクは、大急ぎで村に帰ってきました。しかし、ヒクが妻の元にやって来たときには、彼女は冷たい屍《しかばね》となっていました。

村の人たちは、たいへんヒクを恨んで、

「おぬしは、カウェルさんを殺したようなものだ。可愛い乙女の一命をどうしてくれる」

と責め立てました。ヒクは悲しくて心苦しくて堪りませんので、カウェルの霊魂を冥府から連れ帰ろうと決心しました。

彼は、村の人たちに加勢をしてもらって、長い長い綱をこしらえました。それから体中にいやなにおいのする油を塗って、空洞《うつろ》になった椰子の実と長い綱とを持って、冥府へと旅立ちました。

人間界から冥府に通ずる深い穴の所に来ますと、長い綱を垂らして、それを伝って冥府に降りていきました。冥府の者どもは、生きた人間がやって来たと思って、みんなそのそばに集まって来ましたが、いやに臭いにおいがするので、

「やあ、死人だ、死人だ。もう腐れかけている」

といって、一人も咎《とが》め立てをするものがありませんでした。冥府の王ミル (Miru) さえも騙さ

れて、何ともいいませんでした。

ヒクは人間界から垂れ下がっている長い綱の端につかまって、さも面白そうに揺れました。死人たちはそれを見ると、

「やあ、面白い遊びだな。私にもやらしておくれ」

といって、みんなが代わる代わる綱につかまって、ぶらんこをしました。と、ヒクの妻カウェルも堪りかねて、そこに駆け寄って来ました。そして夫に声をかけて、

「ねえ、あなた、私も揺れてみたいわ」

といいました。これ幸いとヒクは妻と一緒に綱の端にぶら下がりました。そして、二人で夢中になって揺れているうちに、ヒクがぐいと綱を引っ張りました。

人間界で綱を支えていた人々は、

「それ、合図があったぞ。早く引き上げろ」

と叫ぶなり、ぐんぐん綱を手繰りました。ヒクとカウェルとはみるみる上の方に昇って行きました。冥府の者どもは、騙されたと思って、大騒ぎをしましたが、どうにもしようがありませんでした。ただ上を向いて、

「あれ、あれ。うまく騙しやがったな」

と罵るだけでした。

カウェルは、夫の計略に気がつくと、たちまち蝶に姿を変えて逃げ出そうとしましたが、ヒク

は素早く蝶を捕えて、持ってきた椰子の殻に放り込みました。そのうちに綱が手繰りつくされて、人間界に達しましたので、ヒクはすぐにカウェルの亡骸のそばに駆け寄って、左足の親指に孔を開けて、いやがるカウェルの霊魂をそこから体の中に押し込みました。と思うと、亡骸が急に動き出して、やがてカウェルが生き返りました。

(『オーストラリア・ポリネシアの神話伝説』「ハワイ」名著普及会)

ヒクが矢の落ちた所に辿り着いては、また先の方に射放つという描写は、矢が運命のシンボルであることを考え合わせるととても面白い。

「生の刺激」「生の衝動」を象徴する弓に対して、矢は太陽光線並びに男根的繁殖力を象徴する。関連して思い出されるのは、「愛を生み出す黄金の矢」と、逆に「愛を追い払う鉛の矢」を持つキューピッド(クピド)だ。キューピッドの矢はいつも標的の中心に当たることで知られる。矢は目標を指示するし、狙った目標に到達していく。

年頃になったヒクは恋人を求めて、愛を生み出す矢を射続けていたのだろう。カウェルがヒクの矢を隠してしまうのも、乙女独特の茶目っ気が感じられると同時に、更に考えて見るならば、その形状からして男根の象徴である矢が乙女によって隠されたとは何ともエロティックな隠喩ではないか。つまり、ヒクの方はカウェルの体の中で返事をした訳で、だからこそ二人はすぐに夫婦となったのである。

「恋人は、見ることと欲望を持つことを、同時にする。欲望から絶えず光が発せられて、その対象に到達する。光は、恋する女に向けて発せられる矢に比べられるだろう。」(『世界シンボル大事典』大修館書店)

母を思い出したヒクがカウェルから去ろうとするのは、竜宮城にいた浦島が乙姫の許を離れようとするのとそっくりである。しかもその理由たるや、どちらも「母に会いたい」といったものなのである。違っているのは、乙姫が男に玉手箱という「禁止の魔力」を伴った完全犯罪の道具を渡したのに対して、純情な乙女カウェルは「寂しさと悲しさ」のあまり病にかかって死んでしまう点だ。自分を裏切ろうとする男を絶対に許さない乙姫と、あくまで受身で優しいカウェルと、どちらもとてもせつないのだ。

自分のせいで人に死なれるよりは、究極のところで、むしろ自分が死ぬほうが気は楽なのではないだろうか。「おぬしはカウェルさんを殺したようなものだ」という村人たちの責めは、ずっしりと重たくヒクの心に突き刺さっていたに違いない。だからこそ彼は冥府へと出かけていくのである。

人間界と深い穴で繋がっている冥府へと、ヒクは嫌な臭いの油を塗って下りていった。南国では死体が腐臭を発するのも早いだろうし、彼はなかなか抜け目がないといえる。日本神話でも、妻のイザナミに「私の姿をご覧にならないで」と言われたイザナギが禁を破って覗き、目にしたのは彼女の腐乱死体であった。

乏しい光に照らされて、やがてイザナミの姿がようやく眼に映ったが、なんという有様だろう。それはもはやかつて知っていた妻の姿とは全く違っていた。身体中に小さな蛆がたかってくねくねと動き、しかもその身体のいたるところから膿がどろどろと流れ出している。それに加えるに、女神の頭には大雷《オホイカヅチ》がいるし、その胸には火雷《ホノイカヅチ》がいるし、その腹には黒雷《クロイカヅチ》がいるし、陰処《ほと》には折雷《サクイカヅチ》がいるし、左手には若雷《ワカイカヅチ》がいるし、右手には土雷《ツチカヅチ》がいるし、左足には鳴雷《ナルイカヅチ》がいるし、右足には伏雷《フシカヅチ》がいるし、つごう八柱の雷神《イカヅチガミ》が、おどろしくも女神の腐れ果てた身体から生まれ出ていた。

イザナギノ命はこの有様を見て、恐怖に凍りついたようになり、今までの張りつめた気持もすっかりゆるんで、恐れおののきながら一目散にそこを逃げ出した。イザナミノ命は夫が自分を捨てて逃げ帰っていくのを見ると、

「あなたというかたは、私の恥ずかしい有様を御覧になりましたね。」

こう口惜しげに叫び、さっそく黄泉国の醜い女神たちの群に命じて、そのあとを追いかけさせた。

（「古事記」山本健吉訳、河出書房）

ヒクが冥府へ持っていく椰子の実は、後で蝶に変身したカウェルを入れる道具として役立つことになるのだが、「生命の木」である椰子は自己再生のシンボルとしては最も相応しく、「黙示録」に

も死に打ち勝ち、永遠の幸福に至る木として登場してくる。

その後、わたしが見ていると、見よ、あらゆる国民、部族、民族、国語のうちから数えきれないほどの大ぜいの群集が、白い衣を身にまとい、棕櫚(椰子)の枝を手に持って、御座と子羊との前に立ち、大声で叫んで言った。

「救いは御座にいますわれらの神と子羊からきたる」

(「ヨハネの黙示録」第七章九―一〇節)

最後にヒクの計略に気づいたカウェルは、たちまち蝶に姿を変えて逃げ出そうとするが、蝶が魂と同時にまた死をも表している点を考えてみると非常に暗示的である。オビディウスによれば蝶は葬儀と関連し時に墓石に彫られるというから、冥界の生き物としては相応しい。

この荒削りな物語は、恐らくいくつかの話が合わさって出来ているのだろう。男に去られた女が寂しさのあまり病気になって死んでしまったという哀れな話が前半で、後半は、それを聞いて大いに後悔した男が冥界へと下りて行く冒険譚である。この冥界も、日本の我々が想像する黄泉の国や、ギリシャ神話やダンテの世界等とは大いに違って、まるで子供のお遊戯のように単純に描かれている。しかし、読み終えて、カウェルに対するヒクの愛情が伝わってはくるものの、果たして彼女が再び前と同じように彼に心を開いたのかどうかはよくわからない。

南方の島で、現世と来世を結びつけるのに特に好まれたのは椰子の実である。何処か遠くから流れ着く椰子の実には、人の心を見知らぬ別の世界へと導いて行く不思議な雰囲気が秘められていたのかもしれない。藤村の詩が思い出される。

名も知らぬ遠き島より　流れ寄る椰子の実一つ
故郷の岸を離れて　汝はその波に幾月

このハワイ神話「椰子の殻に詰めた霊魂」の元は、マオリの「パレの物語」である。恋人フトゥに去られたパレは首を吊り、ポ（地下世界のこと）へと降りて行ってしまった。しかし、まだパレを愛していたフトゥはヒナの力を借りて地下世界へパレを追って行き、木をたわわせたブランコで新しい遊びを考え出したのだ。

パレはついに我慢しきれなくなって、一緒にこの遊びを始めた。二人は一緒になって高く高くこぎ、ついにフトゥはポの入口に生えている植物の根をつかむことができて、パレとともによじ登ってこの世の光の世界へと戻ったのである。フトゥはパレの肉体に、その魂を足の裏から入れ戻した。

（「ポリネシア神話」青土社）

この神話の面白いのは、人間界から冥府へは深い穴によってつながっており、長い綱を垂らしてそこへ降りていけることだ。一つの穴によって直結しているその場所は天国(極楽)や地獄などではなく、単なる死者の国なのである。ハワイ人にとって死とは、魂があの世とこの世との行き来ができるようになるための変容であり、それら二つの世界を結び付ける架け橋が虹であると考えられてもいた。それにしても、死後世界のこのイメージは、古代ケルト人やゲルマン人の考えた冥府と何とよく似ていることか。ケルト人たちの「あの世」も「この世」と地続きで、時として人は生身のまま二つの世界を行き来できるのだが、大きな違いはそこには時がないのだ。沿岸部に住むケルト人たちの「あの世」は海の彼方や海底、そして内陸に住む者たちにとっては深い穴の底や墳丘、ドルメンの下などにあると考えられていた。

そこでは死者たちはこの世に生きていたのと同じ姿で同じようにして生きている。ただし、時間の消滅したこの世界では老いも死もなく、従って病気も生きるための労働もない。季節は常に夏であり、雨も降らず風も吹かず、木々は四季にかかわりなく果実をつけているのである。この死者の国は、しかし、この世と完全に断絶してしまっているわけではない。この国の住人たちは妖精や小人のような形でこの世に出没し、恩恵を与えたり不幸をもたらしたりもするし、時にはこの世の人間に恋をしてあの世に連れ去ったりもする。

(田中仁彦「ケルト神話と中世騎士物語」中公新書)

「アイスランド・サガ」によるとゲルマン人の冥府も、死んでもまだ生き続ける死者が、すぐこの世に現れて来ることができる所にあるらしい。しかし、恨みを残して死んだ者や悔いの多かった者は、この世に現れると生者に対して大いに害をなし、苦しめるのだという。こうした荒々しく生き生きとした死者が、弱々しく哀れな姿に変化していくのは、偏にキリスト教の影響である。逞しい死者たちはキリスト教による天国と地獄の思想により、ことごとく消えてしまったのである。

実際に十一～十三世紀からキリスト教の浸透とともに、樹木信仰や泉の信仰は否定されていく。アイスランドにおけるキリスト教の浸透は、ノールウェー王の武力をもって行われ、人びとは信仰か死かの厳しい選択の前に立たされていたから、アイスランドの住民が生き残ろうとすれば、キリスト教を受け入れざるをえなかったのである。

キリスト教の浸透とともに亡者の姿も大きな変化を見せる。かつてのような暴力を振るい、人間に害をなす元気のいい亡者たちに代わって、人間に救いを求める哀れな亡者の姿が目立ってくるようになるのである。

（阿部謹也『西洋中世の罪と罰』講談社）

「椰子の殻に詰めた霊魂」に見られる単純素朴なハワイ神話に較べると、同じように死者が生き続けるケルト神話やゲルマン神話は非常に複雑怪奇と言ってよい。ケルト神話「フェヴァルの息子ブランの航海」の他界はゲルマンやギリシャ神話、そしてキリスト教の他界とはまるで違って、どこまでも明るく、生命力に満ち溢れている。そして、こうした大昔の物語に共通しているのは、ことごとく男目線で描かれていることである。

ある日、一人の美しい乙女が、眠りから覚めたブラン王子のそばに現れて、素晴しいエヴナの国へ彼を誘うのだ。その国こそケルト人の想像する他界で、苦しみも病気も死もない、花が咲き乱れる常春の国、しかも女だけの国だったのである。やがてブランは仲間たちと、乙女が言った通りのこの女人の国を発見することになる。

近付いてゆくと、船着き場には女たちが居並んでおり、その女王がブランに「私の国にようこそ、フェヴァルの息子ブランよ」と呼びかける。そしてブランがためらっていると、女王は糸毬を彼に投げつける。毬は彼の手にぴったりと張りつき、女王が糸をたぐると、舟はそのまま陸地にたぐり寄せられてしまったのである。そこでブランとその一行は島に上陸し、大きな館に招き入れられた。そこには二七の大きなベッドが用意されており、皿に盛られた御馳走は、いくら食べてもなくならなかった。彼らの望むものはすべてかなえられ、時の経つのも夢のようであった。

（田中仁彦「ケルト神話と中世騎士物語」中公新書）

この物語からもケルト人たちのこの世とあの世とに断絶はなく、地続きであったのがよくわかるのだ。

一方、ゲルマン神話でも戦死した英雄たちはみな、ワルキューレという空駆ける天馬に乗った女神たちによって天上のワルハラ宮殿に運ばれていく。そこには五四〇の部屋があり、死者はここで他の神々と毎日酒を飲み、御馳走を食べ、世界最後の日が来るまで武術の試合などに楽しい日々を送る。毎日宴会をし、いくら飲み食いしても決してそれらが尽きることはないという。

こうした描写は実はイスラムのアーヒラ(来世)ともよく似ているのだ。


(良き人は)神の玉座近くに召され、金糸まばゆい寝台の上にゆったりくつろぐ。いくら飲んでも頭が痛んだり悪酔いしたりすることのない楽園の美酒を楽しみ、「果物は好みにまかせ。鳥の肉なぞ望み次第。眼すずしい処女妻は、そっと隠れた真珠さながら」といった別天地を享受する。

棘のない灌木とびっしり果実のなったタルフの木の間に住み、天国入りした男のためにアッラーが新しく創造しておいた若く愛情こまやかな「処女」と、飲食の苦もない平安な日々を過ごすのである。

(「イスラームの本」学研)


そこ(楽園)では生姜をほどよく混ぜた盃がまわる。サルサビールと呼ぶあそこ(天国)の泉(の水)で。お酌してまわるお小姓たちは永遠の若人(その美しいこと)、あたり一面まき散らした真珠かとまごうばかり。これを見たら、(真の)幸福、偉大なる神の国とはいかなるものかとしみじみさとることであろう。一同、緑の紗綾、金襴の衣を身にまとい、白銀の腕環の装い美しく、主お手ずからいと浄らかな飲みものを注いでくださる。「さ、これがお前たちへの褒美。お前たちの精進のほどかねがね心うれしく思っておったぞ」と。

（「コーラン」第七十六章。人間、『井筒俊彦著作集（7）』中央公論社）

海のそばにいるのに、ちっとも海岸に出ない。

昔からよく思っていた。

「ここではない、どこか」と。

そこへ行ったとしても、何も変わりはしないことはよくわかっているのに。

昨晩よく眠れなかったので、早い晩飯を済ませて、八時にはさっさと寝てしまった。一日酒を飲まずに過ごそうと決めて、その通り実行はしたものの、習慣化したことを一日だけ休むというのは辛い。

ラジオの時間設定を間違えて、二時間も針を進めたのに気づかず、起き出したら腕時計はまだ午前四時。奇妙な夢をいくつか見ていた。あたりは真っ暗。鳥のさえずりが部屋の中まで届いてきたのは六時少し前だった。

風が強い朝だなあと思いながら、まどろんでいた。

気がつくと、いつの間にか薄暗い屋内プールで泳いでいる。

いくら泳いでもちっとも疲れないのは不思議だった。さっきまでプールサイドにいた男が、急に立ち上がると、思い切りジャンプして、何故かプールの上に張り渡されている鉄棒にぶらさがった。こちらもつられて鉄棒に飛びついたものの、それは考えていたよりずっと高いところにあったので、どうしたらいいものか、私はしきりに困っていた……。


改札口の横で、妹が荷物を整理している。

ぐずぐずしていると列車に間に合わなくなるから、こちらはせきたてるのだが、彼女は別に慌てる様子もない。ひとまず先にホームに入っていったら、何人かの人たちが「小鳥だ。小鳥だ」と騒いでいる。よく見ると、ホームの屋根の軒下に小さな鳥が一羽じっととまっていた。

「〇〇という珍しい種類なのよ」と誰かが教えてくれる。その鮮烈な緑色だけが強く頭に焼き付いている。


昨日のテレビ。星と星とがぶつかって巨大な爆発が起き、新しい星が生まれる。それはまるで胎児のような形をして、頭のところが美しく輝いていた。

オランダ産の葉巻。こくがあってピリリと舌に心地良い。

普段あまり吸う事もないのに、一人でいると無性に吸いたくなる。

静かな海だ。聞こえるのは幽かな波音と小鳥のさえずり、そして時々思い出したように鳴くヤモリ。朝日に照らしだされて濃い緑と薄緑のコントラストが一段と美しくなった入江の中を、一艘のカヌーが横切っていく。その時、数人の若者たちが大声を出しながら、次々と桟橋から水に飛び込んで行った。

気がつくと右手に一匹の蚊が止まって、吸血の姿勢に入っていた。ぐっと体勢を低くし、仕事（食事）にとりかかろうというのである。こちらはちょっと叩いたつもりが、蚊はあっけなくテーブルの上に転がり落ちてしまった。身体はそのままだったから、ただ気絶しただけだったのかもしれないが、見ている間にすぐ小さな蟻が現われて、自分より大きな蚊の身体を引っ張りだしたのである。テーブルの端から下ろす時、加速度がついてそのまま落ちてしまうかと思いきや、チビの蟻はしっかりと踏ん張って器用に運んでいくので、感心してしまった。

第五章　英雄マウイの神話

マウイの島釣り神話

半神半人のマウイが島を引っ張ったり、釣り上げる「島釣り神話」というスケールの大きな話は、ポリネシア地域には数多く伝えられている。例えばニュージーランドに伝わる神話は次のようだ。

ある時、マウイがムリランガという自分のお婆さんのところへ食べ物を持っていくと、彼女は病気にかかり既に身体の半分が死んでいた。マウイは(形見にでもするつもりだったのか)、お婆さんの下あごをもぎ取ってそれで釣針をこしらえ、肌身離さず隠しておいた。これが島を引っ張った例の「魔法の釣針」である。下あごから取った骨は、この後もマウイの強力な武器となる(それはゲルマン神話で常に巨人族と戦う英雄トールの魔法の槌ミョルニルにそっくりだ。ミョルニルは、投げれば必ず敵に命中し、ブーメランのように再び戻って来るのである)。

さて、家に戻ったマウイは兄たちが漁に出るところに出くわして、自分も一緒に連れていってくれるように頼んだのに断られてしまう。そこで彼は兄たちの目を盗んで船にもぐり込み、沖合いにきた時に姿を現したのだ。兄たちは怒ったものの既にどうしようもなく、マウイに釣り針を貸してやらなければ魚を釣ることはできないだろうと、そのまま乗せていく。

ところがマウイは隠していた例の釣り針を取り出し、鼻血を出してそれに塗りつけると海に投げ込んだ。すると、何かが凄い勢いで釣り針を引っ張ったのである。引き上げてみると、それは魚ではなく、海底から引き上げられた大きな陸地だったのである。陸地は魚のように暴れ、綱で縛らなくてはどうしようもないと思ったマウイは、「僕が綱を探してくるまで、そのままにしておいてくれ」と兄たちに頼んだ。「決して陸地に切りつけては駄目だよ」と付け加えて。

しかし兄たちはあまりに激しく暴れ回る陸地に手を焼いて、小刀で散々切りつけてしまった。痛みに耐えかねた陸地は更に激しく暴れたので、最後には船を砕き、兄たちを殺してしまったのである。

その後、陸地はマウイに縛り上げられてやっとおとなしくなった。こうしてニュージーランドが出来あがり、その時に小刀で切りつけられた傷跡は、多くの山や谷であるという。

この島釣り神話は全く同じ内容で、ハワイにまで伝えられている。

（前略）末っ子マウイは兄たちと釣りをしていたとき魔法の釣り針で大きな魚を釣る。すると海の底が動きだし、大きな波が起こった。マウイは二日間、大魚と格闘した。マウイは兄たちにカヌーを漕いで魚を岸に近づけるようお願いした。マウイはそのとき決して振り向かないように言ったが、兄の一人が振り向いてしまった。すると釣り糸が切れて、浮上していた魚は島になった。それがハワイの島々である。

（後藤明「カメハメハ大王　ハワイの神話と歴史」勉誠出版）

別な類話で、マウイの釣り上げるのは巨大な魚である。

「その（魚の）背には偉大な神タンガロアの孫息子の家があり、釣針はその家の屋根の破風に掛かっていた。魚の上では火が燃え、人々が歩きまわっていた」（吉田敦彦「世界の神話１０１」新書館）。こちらの話では、兄たちが警告を無視して魚（陸地）に切りつけたのは、巨大魚を釣り上げた赦しを得るためにマウイがタンガロアに供え物をしに出かけていた間ということになっている。もし兄たちがマウイの警告に従っていたなら、恐らくニュージーランドは平坦な陸地のままであっただろうというのだ。

昔のハワイ人たちは鉄を知らなかったので、釣り針などは骨で作っていた。遺跡から出土する大型釣針の多くは人間の大腿骨から作られていたという。

ハワイ神話では、マウイ島に住んでいたマウイが、やはり魔法の釣り針で大魚を釣り上げようとする。彼は兄たちにカヌーを漕いで魚を岸に引っ張って欲しいと願うと同時に、決して後ろを振り返ってはならないと言うのだが、しかし兄の一人が振り向いてしまうのは「ココナツアイランド」の話と同じ。「島釣り神話」の場合は、釣り糸が切れて、浮上していた魚が島になる。これらの話は、島や陸地をまるで生きている如くに擬人化しているのが面白い。考えてみれば地球そのものもまた大きな一つの生命体であり、誕生していつかは滅亡していく存在ではないか。活火山からドロドロと流れ出る溶岩流など、まさに赤い血液のようでもある。

ハワイの創生神話「クムリポ」に出てくるマウイの島釣りは、二〇一〇行から二〇行ほどである。

火の女神ヒナが魚を欲した
女神は漁を体得していた息子のマウイに命じた
漁に行って親を捕まえてくるようにと
ここに釣り糸と釣針がある
マナイカラニ(天から授かった霊威)の釣針が
太古の海の底を、島ごと釣り上げるように、と
マウイはヒナのアラエ鳥を餌として掴んで出発した
それは妹の鳥

それはマウイの七番目の冒険だった
マウイが釣り上げたのはいたずら者の妖怪
ピモエの顎は大きく開かれていた
(海底の)主である魚は、海を震撼させるほどあばれた
しかしピモエはマウイによって岸に引き寄せられて死んだ

(後藤明「南島の神話」)

「起源」を意味するハワイ語である「クムリポ(Kumulipo)とはハワイ王家の壮大な創世神話で、文字がなかったハワイで、口から口へと代々伝えられてきたものである。一八八七年に第七代の王カラカウアが書き記し、彼の妹リリウオカラニによって英訳された。彼女はハワイ王国八代目の女王であり、有名な「アロハ・オエ」の歌も彼女の作である。こうした動きは、十九世紀になってヨーロッパ人たちが次々とポリネシアへやって来たことが引き金となり、読み書きを覚えた何人かのハワイ島民は「自分たちの言語で書かれた新聞の中で、彼らの神々や英雄たちの行動がモデルである多くのロマンティックな物語を発行し始めた」(「オセアニア神話」)のである。

権力を持った者が正当性を誇示するために、自分と神とを結びつけるのは古来どの国でも行われてきたことなのだろうが、しかしそれでも尚やはり国王自身が創世神話を記録に留めたのは素晴しいではないか。たとえ自慢話であったとしても、記録がなければ全ては不明のままなのだから。

マウイの凧

毎日暇をもてあましていたマウイは、しきりに冒険をしたがっていた。

虹滝からそう遠くないワイルク河の美しい山間に住んでいたラアマオマオ(Laamaomao)が、マウイに大きな凧を作ってみてはどうかと提案したのはそんな時だ。

そこで早速マウイは巨大な凧を作り始めた。ヒナが美しくしかも丈夫なカパ布を作って、オロナ草の繊維で強い紐を捩り、やがて大きな玩具が出来上がった。

ラアマオマオが山間の上に安定した穏やかな風を吹かせると、凧は優雅にそして鳥のように真っ青な空へ昇っていった。舞い上がってぐるぐる回る凧を見て、マウイも大喜びであった。

ラアマオマオが時々突風を送ると、凧は更に遠くへ遠くへと漂うのだった。マウイには雲の間に舞う凧が風と格闘するのが楽しかった。

しかし、マウイも時折は遊び疲れ、凧紐を引き寄せて眠ることがあった。

マウイの凧のことなどもうすっかり忘れ去っていたラアマオマオが嵐に命じて、その一番強力な風を吹かせてきたのはまさにそんな時である。

大風は一晩中木々を軋ませ、土砂降りの雨は凧布に激しく打ち当たった。マウイの凧を繋ぎ止めていたオロナ草の紐は切れて、凧は風のなすがままに飛んでいってしまった。それは嵐の中で激しくクルクル回転しながらマウナ・ロア山を横切ると、海岸の方へと落ちて行ったのである。

目覚めて自分の凧がないのにびっくり仰天したマウイは、すぐ凧を探しに出かけ、何日か後にやっと見つけだしたのだったが、それは荒れ果てた海岸に住んでいたとても恐ろしい大トカゲによって隠されていたのだった。

マウイは大事な凧を持って家に帰り、今度はそれを前よりもしっかりと紐で結んでおくことにしたのである。神話は、この巨大な凧が最後には石になったと伝えているけれど、その場所がどこなのかを今日知っている人は誰もいない。

また、マウイの凧はどんな強風にも絶対に紐が切れることはなかったという、もう一つ別な話もある。


(前略)あまり強い風に凧は舞ったが、糸は切れなかった。さらに海の風も来たが、むしろマウイはそれを楽しんだ。しかしそれ以来人々はマウイの凧が見えるのは天気のよい、乾いた風の吹く印であると知った。そのような日は安心して野良仕事にでたのであった。マウイが死んで、その凧はマウナ・ケアとマウナ・ロア両山の間の平らな肥沃な土地に置かれた。

(後藤明「南島の神話」)

火の神話――マウイと水鶏《くいな》

昔、ハワイの人たちは、あらゆるものを生で食べていた。火をおこすことができなかったからである。

ある日のこと、マウイは高い羊歯の茂みの下をこっそり歩いて、水鶏たちがやって来る前に隠れていたのである。

火の起こし方を知っているのは水鶏のリーダーだけなのだ。

しかしマウイのところから、その姿は大きな岩で隠されていたので、どのように火をつけているのかを見ることはできなかった。彼が飛び出していって、燃えている棒を掴むと、鳥たちは鋭い鳴き声をあげた。

「火を消せ！」

すぐに火が消され、水鶏たちは風のごとく飛び去っていき、ただ、勇敢なリーダーだけが最後の火の粉をかき消すために残っていた。

マウイは大きな手でリーダーをひっつかんで、

「どうやって火をおこすのか教えろ」と言った。

水鶏は羽をバタバタさせてもがき、身をよじったけれど話そうとはしなかった。

「言え。教えろ」

マウイは大声を出して、その哀れな小鳥を締め付けた。

「棒とバナナの葉を使うのです。葉を棒で擦りつけると火がおこります」

しかしこの方法で火はつかず、その様子を見ていたリーダーはせせら笑っていたのである。

ついにマウイは小鳥に言った。「それじゃあ、お前の頭で擦ったならどうなるか試してみよう」

彼は血が飛び散るまで小鳥の頭をガリガリ擦りつけたので、かつては白かった水鶏の頭には、この時から赤い染みができたのである。哀れなリーダーはひどく痛めつけられ、沢山の血が流れた。

ついに小鳥は言った。

「よく乾いた低地の木の枝(han)をもってきて、それをあなたの棒と擦り合わせるのです」

マウイは長いこと擦り続け、ついにちっぽけな火が赤く輝いた。

火はマウイの母ヒナに、そして島の全ての人々にもたらされたのであった。

文化起源神話とは、人間の生活に欠かせないものに関する物語である。中でも一番重要なのは火についての起源で、大別すると、①神々、②英雄、③トリックスター(いたずら者)によるという三つのパターンがある。①の代表的な物語は、日本神話のイザナミノミコトが最後に産んだ火の神カグツチだろう。火は人間に大いなる恩恵をもたらしてくれた一方で、一歩使い方を誤れば、人間を殺してしまうこともある。イザナミノミコトも火の神を産んだのが元で、大やけどをして死んでしまったのであった。②は文化的英雄が人類に火をもたらす神話で、マウイの物語はこのパターンに属している。(ギリシャ神話のプロメテウスは神であるから、ここに入るかどうか難しいところではある)。③は道化役が大きな役割を果たす物語である。たとえばアフリカ神話には、様々な道具を次から次に人々に与え続けるトリックスターとしての蜘蛛が登場する。その蜘蛛は神様さえ欺い

て、盗みと贈与を繰り返していく。（吉田敦彦『神話と近親相姦』「蜘蛛の盗みと呑みこむひょうたん」青土社）

アフリカにはトリックスターの動物が主役となって、ユーモラスな行動をとる神話が多いようだ。ここでは、やはりアフリカのブッシュマンの神話から、ダチョウを騙して火を盗むカマキリの話を載せておこう。

ダチョウが食事をしている場所でいい匂いがする。カマキリが近寄ると、ダチョウが食物を火で炙っていた。そして食事がすむとダチョウは火を羽の下にある穴に隠してしまい込んでしまった。そこでカマキリは、すばらしい木の実があるとダチョウをスモモの木の下に誘った。それからもっと木の高いところの実のほうが美味しいと唆して、ダチョウが羽を広げてバランスをとった瞬間、カマキリは羽の下から火を盗んでしまった。それ以来ダチョウは空を飛ばなくなってしまった。

（吉田敦彦監修「世界の神話がわかる」日本文芸社）

これもいわゆる因果物語で、この愉快な結末には思わず笑ってしまう。

オリュンポスあるいはヘーパイストスの鍛冶場から、密かにウイキョウの茎の中に火を隠して人間に与えたプロメテウスは、ゼウスによって罰せられたというのに、水鶏を脅して火を起こす秘密を聞き出したマウイは何の罰も受けてはいない。ここには人間の幸せのための行為が罪に問われた時、果たしてそれは償われるべきか否かについて、西洋と東洋（ハワイを含めて）の考え方の違いがあるのかもしれない。

（人間から火を奪ったゼウスに背いて、プロメテウスは火を人間のところへ運んでしまった）。それと同時に（プロメテウスは）、人間が以前から持っていた未来を知る能力を彼らから奪ったが、それはその能力があるために人間がひどく悲しむことがないようにするためであった。夜になってゼウスは地上が無数の赤く燃える灯に覆われているのを見て激怒し、ヘパイストスとともに召使のクラトスとビアを呼び寄せ、プロメテウスを捕えて人間から遠く離れたオケアノスの流れの端にある山の頂に彼を縛るように命じた。ゼウスはそこに毎日大鷲を遣わし、捕われたプロメテウスの肝をついばませたが、肝臓は夜ごと元通りになった。プロメテウスはティタン神族なので不死身だったからである。（『ギリシャ・ローマ神話事典』大修館書店）

理由の如何にかかわらず、罪は罪として償わねばならぬというのが厳格な西洋流の掟で、だからこそプロメテウスは毎日大鷲に肝臓をついばまれることになったのである。マウイが一切こうした罰を受けることがなかったのも、罪と罰に対するアジア的な曖昧さが根底にあるような気がするのだ。ましてや彼の行為は人類の幸せに大いに貢献したのであるから、尚更である。

それにしても水鶏から火の起こし方を教わるマウイとは、いかにも南の島の話ではある。

カリフォルニアのインディアン・マイドゥ族の「火を盗む」の簡単な「あらすじ」もご紹介しよう。ここにはマウイのような文化英雄の登場はなく、小動物たちがみんなで力を合わせて、悪賢い雷から火を奪い返す。娯楽など何もなかった時代、人々が聞いていて「面白い」と思ったのなら、それはもう物語としての役割を十分に果たしたということだろう。子供向けのおとぎ話なのである。

あるとき、雷は人々から火を奪い取って、はるか南の家で独り占めにしてしまった。人々には遠くの大山脈に煙が見えるだけだったのである。やがて、二十日ネズミ、シカ、犬、コヨーテが(火を入れる)フルートを持って、火を取り戻しに行くことになった。雷の家に着くと、皆が眠っているすきに二十日ネズミはフルートに火をいっぱい入れて、うまく行っていたのだったが、その時、雷が突然とどろく雷鳴とともに飛び起きたのである。すぐに雷は強い風と大雨とあられとをもって追いかけてきた。

「人びとがもっている火はどれも消してしまうためにだった。雷と娘たちは道をいそいでまもなく逃亡者たちに追いつき、彼らを捕えようとしたとき、スカンクが雷めがけて矢をはなって殺してしまった。そこでスカンクはさけんだ。『これからのちは、決して人のあとを追ったり、殺したりしようとしてはならんぞ。おまえは空にとどまって雷になってもらおう。これからおまえはそうなるんだ』雷の娘たちは、それ以上あとを追わなかった。そこで人びとは無事に歩き続け家へ火を持ち帰って、それいらいずっとそれを持っている」

（「アメリカ・インディアンの民話」民族民芸双書49）

マウイと太陽

マウイの母ヒナと仲間の女たちは、木の樹皮からカパ布を作っていた。しかし、そのカパ布は太陽が西に沈む前に乾くことは稀で、大抵は湿ったままの状態なのであった。夕方取り込まれた布は、汚れて駄目になっていることも多かったのである。

「いつもこうだわ」と女たちは嘆いていた。

「意地の悪い太陽がいつもあまりに早く急いでいて、私たちのカパ布が乾くまで決して待っていてはくれないのよ。太陽がもっとゆっくり動くようにすることが出来ないかしら？」

「そうだね、きっとできると思うよ。」とマウイは答えた。

マウイはそのためには、大昔に「太陽の家」として知られていたマウイ島のハレアカラ（Haleakala）へ行かねばならぬことがわかっていた。

「太陽の家に向かって行くのを、太陽自身に見られるのはまずい」と考えたマウイは白い雄鶏に姿を変え、それからマウイ島とハワイ島の間にある青い海峡を飛んで、夕方にはマウイ島に到着した。

太陽はそれが危険な鳥ではなかったので、山の家で眠るため素早く沈んでしまった。マウイが雄鶏に化けているなどとは夢にも思わなかったのである。

山々の真ん中にある巨大な噴火口の中で、軽い雲に覆われた太陽は横になってぐっすり眠っていた。太陽の脚は一本だけ他のに較べてずっと長く、これが日の出の最初の光線なのである。

間もなく昇り始めた太陽は、自分の軌道をどんどん転がっていった。マウイは隠れていた場所から飛び出すと、投げ縄をまわして、すぐさま太陽の長くて早い脚を捕まえたのである。

怒った太陽は叫んだ。「お前はどうしてこんな悪戯をするのだ？　放せ！　私にはやらねばならぬことが山ほどある。先を急がねばならないのだ！」

しかしマウイは紐をしっかりと掴んでいた。「母ヒナのカパ布が良く乾くまで、毎日お前がもっとゆっくり動くと俺に約束するなら放してやろう。」

「そんな約束は出来ない」と返事をした太陽は、マウイから逃れようともがき続けた。怒ったマウイは強力な魔法の棍棒で太陽の長い脚を打ち落としたので、その後に残った太陽の脚は速く歩くことの出来ない短いのばかりになってしまったのである。

「さて」とマウイは、素早くまた太陽に投げ縄を投げつけた。「お前はヒナに合わせてゆっくり動くのだ。長く明るい昼間、あまり暑く輝いてはいけない」

「わかった。わかった。私を自由にしてくれるのなら約束しよう」と太陽は彼に頼むのであった。

そして、太陽は一年のうち六カ月はゆっくり歩き、残りの六カ月は急いで行くということになったのである。マウイはこの良い知らせを持って母の所へ戻った。

英雄マウイが太陽を捕まえる話はいくつかのバリエーションがあるものの、おおよその筋は以上のようなものである。太陽を捕まえて殴りつけ、言う事を聞かせようというスケールの大きな発想は何とも面白い。ここには、意のままにならぬ大自然の活動を何とかして支配したいという古代人の願望が潜んでいるのではあるまいか。古代ギリシア人は、信仰心から太陽神に禁酒の掟を課していたというではないか。マチュピチュ（ペルー）の一番高い場所にあるインティワタナは、冬至の日に神である太陽が必ず戻ってくるように、ここで「太陽を縛っていた」遺跡である。Inti Watana とは「太陽を縛るもの」を意味する。

「未開人は自然現象をある程度は自分で支配でき、自分の努力次第でどうにでもできると思っている。呪術師は、雨を降らせることができると思っているばかりでなく、太陽を輝かせることもできるし、太陽が沈むのを速めたり止めたりすることもできると思っている。」（J・フレイザー「金枝篇」）

もう一つ、マウイ自身が「太陽の動きが早すぎる」と考える話もある。「太陽のラが、あまりにも早く空を通り過ぎてしまうため、昼が短くて不便」なのだ。そこでマウイは兄たちと頑丈なロープを作って、朝、太陽が昇ってくる岩屋に罠を仕掛けたのである。ところが、強烈な熱で罠は一瞬で燃え上がり、ラはさっさと高く昇って行ってしまう。失敗して教訓を得たマウイは、尻込みする兄たちを励まし、緑色の亜麻を何重にも捩じり合わせて、強力なロープを完成させたのだ。今度は流石のラも捕えられて、地面の上で身動きができなくなってしまった。マウイはラに跳びかかって、祖母ムリランガの顎の骨で散々にぶん殴ったのである。

そうするとラは、「人間よ、何をするのだ。タマ・ヌイ・テ・ラを、殺すつもりなのか」と叫んだので、それによってこのときから、ラの完全な名前が、人間に知られることになった。マウイはなおラを打ち続け、しまいに彼に、「これからは空の道を、これまでよりずっとゆっくり進む」と約束させた。そしてラをやっと解放してやったが、そのおかげで人間は、畑を作って作物を育てたり、その他の仕事をするのに十分な長さの昼間を持てることになったのだという。

（『世界の神話101』新書館）

古代ギリシャ人が、太陽をアポロやヘリオスといった人の姿に似た神々に見立てたように、ハワイでも太陽を人と同じサイズにして擬人化したというわけだ。四頭立ての火の車を駆る御者ヘリオスが、曙の女神エオスに先導されて東から天空を横切り、西に沈むとされているギリシャ神話はとてもロマンチックだが、これに較べてマウイの話は荒っぽく、あまり洗練されているとは言いがたい素朴なものである。

古来、多くの民族が「名前にはそのモノの持つ全ての特徴が含まれている」と考えていた。ラの完全な名前がわかったというこの神話も、根底には同じ考え方があるのかもしれない。古代エジプト人にとって名前は個人の本質的大きさを示すものであったし、中国やユダヤ民族でも名前を知るのは、その事物や人物に力を及ぼせるということであった。エジプト人は名前を知られると力が消え失せると信じていたので、神々の力が分散しないようにその名を隠したという。旧約聖書のモーセが神に名を尋ねるのもこのためで、その名を知った結果、彼は大きな力を手に入れることができたのである。

神はモーセに言われた、「わたしは有って有る者」。また言われた、「イスラエルの人々にこう言いなさい。『「わたしは有る」というかたが、わたしをあなたがたのところへつかわされました』と」

（「出エジプト記」第三章一四節）

グリム童話「がたがたの竹馬こぞう」（KHM55）は、王の妃になった娘を三回助けた小人が、「自分の名前をあてられなければ、生まれてくる子供をよこせ」と要求する不思議な物語だ。三日の猶予をもらった彼女は国中に使いの者を送った結果、小人がルンペルシティルツヒェンという奇妙な名であることをつきとめる。そこで、名前を言い当てられた小人のショックと、その後の行動は凄まじい。「悪魔の野郎が教えやがったな」とわめいて地面を踏むと、腰まで埋まってしまったという。最後に、小人は自分の怒りにまかせて両手で左足をつかみ、自分を真っ二つに引き裂いてしまったのである。つまり、名前をあてられると魔力が消え失せるということは、己の存在そのものをでが否定されることに繋がっていたのだろう。

次に、前の話よりは大分簡潔になっているマウイが太陽を縛る素朴な類話を見てみよう。

大昔、太陽はすごい速さで空を走っていました。東の空に現れると、あっという間にもう西の海に沈んでしまうのです。マウイのお母さんが、着物をこしらえる材料を乾かそうとしても、決してうまくいったことはありません。お母さんがいつも歎いているので、

「僕が太陽の脚を切り落として、速く走れないようにしてしまおう」

とマウイは考えたのでした。

お母さんは喜んで丈夫な綱をこしらえたものの、まだ心配だったので、お祖母さんのところへ行って相談してごらんと言いました。

お祖母さんはマウイに魔法の棒をくれました。

マウイは綱と棒とを持って東へ東へと歩き、太陽が下界から昇ってくる所に綱でこしらえた罠を張って置きました。太陽は二本の脚を罠にとられて、懸命に身をもがきました。マウイは、素早く太陽を縛り上げて大きな樹に繋ぎ、魔法の棒を振り上げて力任せに殴り続けたので、さすがの太陽も堪りかねて、

「命ばかりは助けておくれ」

と頼みました。

「お前の足が速すぎる。もっとゆっくり歩くなら許してやろう」

とマウイがいいました。太陽がゆっくり歩くと誓ったので、マウイはやっと太陽を解放してやりました。この時から太陽は、ゆっくり空を歩くようになりました。

マウイのお祖母さんが登場してくるこの類話からは、メドゥサ退治に行く際、老婆グライアイを訪ねるペルセウスの姿がだぶってくる。近くにいたニンフたちは彼に、「かぶると身体が見えなくなる帽子」「翼のある一足の靴」「メドゥサの頭を入れる袋」をプレゼントしてくれたのであった。祖父母の孫に対する感覚は、一種独特のものがあるということも考慮すべきだろう。特に、祖父と女の子、そして祖母と男の子の関係は場合によって、親子の絆をはるかに超えてしまうことだって大いに有りうるのだ。神話やメルヘンには、こうした人間の持つ普遍の感情が至るところに凝縮されている。

悪さをする太陽を痛めつけて言うことを聞かせるという実に単純な発想は、原始民族には共通しているのかもしれない。ハワイ神話同様、太陽を捕まえるアメリカ中央森林地帯のインディアン・メノミニ族の素朴な説話の「あらすじ」を書いておこう。

一人の少年が、あまりに熱く照り付ける太陽に、お気に入りのビーバーの皮でできた服を焼かれてしまう。泣きながら家に帰った少年は、あまりの悔しさに太陽への復讐を誓った。彼は姉から長い髪の毛を一本もらって、太陽の通路が地上に接するところへ出かけて行き、そこにわなを仕掛けたのだ。

「太陽がその地点までくると、わなが首にかかって締めはじめ、とうとう彼は、もう少しで息が切れるところだった。暗くなると、太陽は魔物たちに呼びかけた。『わしを助けてくれ、兄弟たち、この糸で殺されないうちそれを切ってくれ』魔物たちがやってきたが、糸は太陽の首の内にあまりひどく食いこんでいたので、それを断ち切ることはできなかった。一人をのぞいてみなあきらめたとき、太陽は二十日ネズミに呼びかけ、糸を切ってみてくれないかと頼んだ。二十日ネズミがそばへやってきて糸を咬んだが、糸は熱くなっており、太陽の首に深く食いこんでいたので、食い切るのはむずかしい仕事だった。けれども、しばらくのあいだ糸を咬んだすえに、二十日ネズミがやっとそれを断ち切るのに成功すると、太陽はふたたび息をつき、闇は消えた。もし二十日ネズミが成功しなかったとしたら、太陽は死んでいたことだろう。そこで少年は太陽にいった。『ひどいことをしたので、あんたを罰してやったんだ。さあ、もういってもいいよ』

少年はそこで自分のやったことに満足して、姉のところへ帰った。」

（『アメリカ・インディアンの民話』「太陽をわなにかけた人」抜粋、民族民芸双書49）

太陽を捕まえたり、人間に火をもたらしたりした半神半人のマウイは英雄というよりは、むしろ悪戯好きでユーモアのあるトリックスター(trickster)なのだろう。彼はクヨクヨ迷ったり悩んだりすることなく、思ったことをすぐ実行に移していくマッチョな男なのだ。その単純で一途な性格こそ、彼が人々に好まれる一番大きな理由なのではあるまいか。ギリシャ神話最大の英雄であるヘラクレスにはどことなく陰の部分が感じられるけれど、マウイの方はどこまでも明るいのである。しかし、どちらの英雄も最後は、本当にあっけないほど簡単に死んでしまうのが共通している。

ヘラクレスは赤子の時、既に二匹の蛇を絞め殺している。青年になってからは、家畜を荒らすライオンを素手で殺したり、デルポイの巫女に命じられた十二の難業でも様々な怪物を退治したりしている。しかし、妻デアネラはヘラクレスが故郷に戻った時、夫の愛を疑って、怪物ネソスからもらった血を晴着に浸しておいたのだ。ネソスは、その血には夫を繋ぎとめる不思議な力があると言って彼女を騙したのである。実はそれは猛毒だった。

ヘラクレスがその晴着をきたとたん、ネソスの血にまじっていた毒がたちまち全身にひろがって、火のように彼を焼きこがした。ヘラクレスは必死で晴着をひきはがそうとしたが、布は肉にはりついたままどうしても離れない。川にとびこんでみたが、毒はいよいよ勢いをまして、川じゅうを炎にして燃えさかった。

ヘラクレスはまた川からとびだすと、今度は夢中で山の方へ走った。しかし、テッサリアとアイトリアの境のオイタ山のところまできたとき、ついに力つきて仆れてしまった。
（山室静「ギリシャ神話」現代教養文庫）

さて、様々な冒険を果たしていたマウイはどうだっただろう。

ある時、彼は人間のために永遠の生を願ったことがあった。しかし父は、「死の女神ヒネ・ヌイ・テ・ポに勝つことはできぬ」と言って、彼にその無謀な計画をやめさせようとした。女神の瞳は碧玉、髪は海藻で、鱶の口を持ち、その歯は黒曜石のように鋭いのだという。

それでもマウイは、恐ろしい女神ヒネ・ヌイ・テ・ポに勝って、人々から死の定めを取り去るべく、「天と地の出会う果て」へと出かけていったのである。お伴についてきた森の小鳥たちにマウイは、「眠っている女神の体内に僕が入り込んでいる間、絶対に笑ってはいけないぞ」と注意していた。「もし僕の身体が無事に通り抜けられたなら、女神は死に、人間は永遠の生を得られるようになるのだから」。

死の女神が眠っているところに着くと、マウイは裸体になって、ムリランガの顎の骨を持ち、小鳥たちにもう一度さっきの注意をくり返してから、女神の股間から体内に這いこみ、顎の骨で道を切り開き進んで行った。そのあいだ鳥たちは、彼が滑稽に体をくねらせるのを見ながら、懸命に笑いをこらえていたが、彼が女神の喉まで達したときに、クジャクバトがついにおかしさを我慢できなくなって、けたたましい声で笑い出してしまった。そうするとヒネ・ヌイ・テ・ポは、たちまち目を覚まして口を閉じ、マウイを二つに噛み切って飲みこんだので、彼は死に、人間を不死にしようとした彼の企ては失敗に終わった。（「世界の神話１０１」新書館）

半神半人のマウイの人気は神としての崇拝というよりは、やはりその勇敢さと単純さにあるのではないだろうか。母のために太陽の進みを遅らせ、人間のために火を与え、そして最後には人間のために死んでいくマウイのどこまでも一本気で純粋な行動力に人々は称賛を惜しまないのだ。マウイが人間に不死をもたらすことに失敗した結果、人間の魂は死んだ後、肉体を離れて霊の世界へ入っていくことになったのである。その入口は仏教の西方浄土の如く西にあって、特別な木が生えていると人々は考えていた。

ハワイの人々はそれを「静かに招くパンノキ」と呼び、小さい子供の魂たちがそばにいて死者の道案内をすると言っている。（「オセアニア神話」青土社）

ハワイではまた、「アムマクア」という守護霊が魂のもとを訪れて死後の旅の危険から魂を守ってくれると信じられてもいた。

時としてアムマクアは高貴な人の魂を歓迎するために大挙して訪れ、多くのハワイの人々が葬儀の夜の行進の斉唱や甲高く響く横笛の音色を耳にしたことがあるという。もし実際にその行進に出くわした場合、とるべき最善の策は、衣服をすべて脱いで仰向けに横たわり寝たふりをすることだと言われている。

（「オセアニア神話」）

モロカイ島に住むハリエット・ネという語り部は、一九五八年に「死者の霊《ナイト・マーチャー》」を見たと証言している。彼らはひたすら歩きながら、チャントを詠じ続けていたのだという。

先頭をくるのは、首長にふさわしく長身のたくましい男でした。全員が松明を持っていましたが、明かりに照らされていたのは顔ではなく、胴体と足だけでした。「あの人たちはまっすぐに進んで海岸まで行くのよ。右にも左にも曲がらないの」わたしの言ったとおりでした。わたしたちが見ているあいだも彼らはひたすら丘を下り、一軒の家に突きあたるとそのなかへ消えていきました……兄はナイト・マーチャーを小ばかにしていました……おばは彼らがドアから入ってくるのを見るなり、兄を押しのけました。兄は通りすぎるナイト・マーチャーの足をつかもうとしましたが、その漁師は足を高く上げてよけ、歩きつづけました……わたしはこの目で見たのです。

（スザンナ・ムーア「神々のハワイ」早川書房）

夢を見た。

いつからか分からないが、気がつくと私はMの車の助手席に座っている。ちょっと前、いろんなトラブルがあったようなのに、それが何であったかまるで思い出せなかった。夜の中をMは黙々と運転を続けている。ヘッドライトの前を白いウサギが二羽走っていく。脇によけてくれれば轢かれずにすむのにと思っていると、二羽はこちらの心を読み取ったかのように突然左右に分かれて、暗闇の中に消えていった。

やがてMは車を止めると、何も言わずに下りていく。斜め後ろにあるコンビニエンス・ストアーに入っていった彼は、なかなか戻って来なかった。何も考えず私は、夜の暗闇をいつまでもじっと見つめている……。


朝、ホテルを出発したのは九時少し過ぎた頃。一九〇号線をワイメアまで上り、遺跡の写真を撮ろうと計画したのに、途中からお天気が崩れて土砂降りになってしまった。突然の凄まじい集中豪雨は数メートル先も見えないほどで、雨の中を前の車の赤いテールランプの後についてゆっくりホノカアまで行ってみることにした。どこかのカフェーにでも入って、様子を見ようと思ったのだったが、しかしホノカアも滝のような雨で、車から出たら服を着たままプールから出てきたような状態になるのは明らかだった。仕方なく路肩に停車していると、有難いことに五分ほど後に雨脚はやや弱まって来たので、迷った末、ヒロまで走ってしまった。前回、ヒロに来た時は比較的お天気に恵まれたのに、この時期、マウナ・ケアの東側は大抵お天気が悪い。

ハワイ大学分校のブックセンターに立ち寄って、とりあえず必要なノートやインクを買った。結局、ヒロからヴォルカーノを通る遠回りの道を通って、コナへ戻った。雨は上がったかと思うと、またスコールのように降りだしたり、霧のようにたなびいたりを繰りかえした。三二〇キロほどのドライブは、疲れた。

梟の話

「梟の戦い」という古い話は、ハワイの人々がこの鳥をどのように見ていたのかを示していて興味深い。

助けられた梟が恩返しをするこの話は、「動物報恩譚」の一種である。しかし、動物の援助（報恩）によって豊かな富をもたらされた主人公が最後に大金持になって終る昔話の多い中で、この話は主人公カポイの命が救われ、人々が梟を神として崇めるようになったという単純な結末になっている。

「舌切り雀」や「花咲爺」、「浦島太郎」などよく知られた日本昔話でも、やはり鳥獣救助のモチーフに応じて物語が展開していた。昔の人々にとって自然界の動物は今よりもっと身近であったに違いなく、人々は何かの切掛けがあれば動物が自分たちに富をもたらしてくれると考えていたのではあるまいか。

元来、死と関連を持つ夜の鳥である梟は、西洋の民間伝承でその羽が魔女の煮物の具に使われたりするのだ。梟(owl)は知恵の鳥であり、また同時に闇と死の鳥といった両面性を持つ。どの民族でも梟が死に関連しているのは、夜行性と肉食の習性などから、こうしたイメージが形成されたのかもしれない。

フクロウ

[アメリカ・インディアン] フクロウは、知恵、予言を象徴する。
[アンデス] 夜、死、冥界。
[ケルト] 地下に属し、「夜の鬼婆」とか「腐肉を喰う鳥」とか呼ばれる。
[中国] フクロウは、悪、罪、死、恐怖、恩知らずの子供(母を食うという)、を象徴する。骨壷に描かれたフクロウは死を意味する。
[キリスト教] サタン、闇の霊、孤独、死者への哀悼、荒涼、悪い知らせ、フクロウの泣声は「死の歌」。フクロウは、福音の光よりも闇を愛するユダヤ人の象徴として用いられる。
[ギリシャ・ローマ] フクロウは知恵の象徴で、女神アテネ/ミネルヴァの聖鳥。エトルリア文明では、フクロウは闇と〈夜〉の神である。
[ユダヤ教] 盲目。

［ヒンドゥー教］　死を司る神ヤマの標章。
［日本］　死、凶兆。
（J・C・クーパー「世界シンボル辞典」三省堂）

梟の戦い

ホノルルのカヘフナにカポイ(Kapoi)という男が住んでいました。

ある日、彼は家を葺くために萱草を刈りに出掛けました。そしてそれを背負って帰ってくると、梟の卵を見つけました。で、それを持って帰って、木の葉に包んで、熱灰の中でそれを焼こうとしていますと、家の周りの垣根にとまっていた一羽の梟が、

「カポイ、カポイ、私の卵を返しておくれ」

といいました。

「お前は卵をいくつ持っていたのかね」

と尋ねました。

「七つですよ」

と梟が答えました。

「そうかい。わしはその七つの卵を焼いて、夕飯にしようと思っているんだよ」

とカポイがいいました。梟はあわてて、また、

「カポイ、カポイ、私の卵を返しておくれ」

と叫びましたが、カポイはやはり夕飯にするのだと答えて、とり合いませんでした。梟はとうとう怒り出して、

「無慈悲なカポイ、なぜ私を可哀想だと思ってくれないのかね」

と叫びました。

「そんなに卵が欲しいなら、自分でとりに来たらいいだろう」

とカポイがいいました。梟は喜んで家の中に入って来て、自分の卵を受け取りました。そしてお礼に、カポイに向かって、

「お宮を建てて、マヌア(Manua)と名をつけて、毎日祭壇の上に供物を捧げなさい。そうすると長生きをするから」

と教えました。

カポイは教わった通りにしました。

するとオアフの王様が、その噂を聞き込んで、ひどく腹を立てました。

「どうも怪しからぬ奴じゃ。卑しい身分でありながら、わしと同じような社を建てて、お祭りをするなんて」

王様はこういって、すぐに家来たちに命じてカポイを捕えさせました。そして、日を改めて彼を死刑に処することになりました。

これを聞き込んだ例の梟は、

「気の毒なことになったな。助けてやらなくてはならぬ」

と考えて、島中を飛び回って、梟の仲間をことごとく呼び集めることにしました。

処刑の日になると、夜も明けきらぬうちに、夥しい梟が、ホノルルの空を覆い尽くすほど飛び出しました。王様の家来たちは、何事だろうと思って、うっかり空を仰いだと思うと、梟どもがさっと舞い降りて来て、鋭い嘴を揃えて、彼らの顔を突付き始めました。王の家来たちはびっくりしながら、

「何をっ、梟の癖に生意気な」

と一生懸命になって梟と戦いましたが、とうとう打ち負かされて、カポイを残して、ほうほうの体で逃げ去ってしまいました。

それ以来、ハワイの人たちは、梟を神として崇め尊ぶようになりました。（ハワイ）

梟が死者を蘇らせる、もう一つのハワイの物語がある。恋人に殺されてしまった驚くほど美しい女カハラオプナ(Kahalaopuna)には何の救いもなく、少しばかり後味の悪い結末となっている。「あらすじ」をご紹介しておこう。

美女カハラオプナは子供の時から既に、カウヒ(Kauhi)という若い酋長の許嫁になっていた。しかし、彼女が別な男を好いているという根も葉もない噂を信じた単純なカウヒは、すぐにカハラオ

プナを殴り殺して埋めてしまったのだ。すると、(神様である)一羽の大きな梟が現われて爪と翼で彼女を掘り起こし、鼻から息を吹き込んで蘇らせたのである。カハラオプナが、噂を信じたカウヒの不誠実さを悲しむ歌を歌うと、すぐに引き返してきたカウヒに再び殺されてしまう。結局、同じ事が五回繰り返され、流石の梟も最後には爪が潰れ羽もすり切れて、彼女を掘り返すことが出来なくなってしまった。しかし、カハラオプナは屍の側を通り掛かった人々によって救い出され、精霊によって生き返ったのである。

その後、偽りの噂を信じて罪のない女を殺したことが明らかになったカウヒは、王様によって大きな竈で焼き殺されることになったのだが、彼の親類である鮫の神によって救い出された。そして、ある日のこと、うっかり海に出て泳いでいたカハラオプナは、鮫になったカウヒに襲われて美しい身体を二つに噛み切られ、食われてしまったのである。

夫が妻を殴り殺すことはどの地域でも多かれ少なかれ、昔からあっただろう。家庭内あるいは密室でのそうした暴力(domesticviolence)は隠蔽し易いし、なかなか表には出てこなかったのではないだろうか。

ハワイでロノと呼ばれるロンゴ(「響き」の意)は、収穫祭の歌と祝福を司る農業の神である。ロノは人間の妻を求めて虹を伝って下界へ降りてきたのだが、カハラオプナを殴り殺したカウヒ同様、一緒になった妻の不貞を疑い彼女を殴り殺してしまったのだ。カウヒと違っているのは、大いに後悔したロノが歎き苦しみながらも、妻に敬意を表し続けたことだ。後にロノは、食べ物を沢山持って戻って来ると人々に約束して、カヌーに乗って出帆したのである。キャプテン・クックが来島した時に、島民たちが彼をロノの再来であると思ってしまった理由がここに潜んでいる。

第六章　ぐるぐる転がる頭の伝説

これは、マウイ島ラハイナの北郊外で、義理の兄ピリカナと住んでいたマヒコアという男に関する話です。

時が経つにつれて、今の住まいが手狭になって来たので、ピリカナはマヒコアに、「増築のアホ（茅葺きの棒または補強用板）を調達するために山に行こう」と言いました。それで彼らはある日、旅の準備を十分に整えて、アホを切るためにワヒクリと呼ばれるカアナパリのすぐ上の場所へとやってきました。

そこで彼らは、一日中アホを切っていたのです。夜になるとにわか雨が降りだして寒くなってきたためピリカナは町に戻ろうしたのですが、マヒコアはなぜか一晩山で寝たいと強く望みました。近くにあった洞窟が彼らの避難所としてちょうど良かったので、最終的にそうすることになりました。寝る前に二人はたくさんの木を集めて洞窟の周りに置くと、それらを燃やして暖をとりました。

こんな風に彼らは横になって眠りについたのです。しかし、真夜中近く、あまりの熱さに驚いて目を覚ましたピリカナは、自分の足が火傷しはじめていることに気づきました。彼はまだ眠っている義弟のマヒコアを起こそうとしましたが、うまくいきません。

火はすでに膝まで燃え上がっていたというのに、それでも彼はマヒコアを目覚めさせることはできなかったのです。ピリカナは、火がマヒコアの胃や胸や肩まで燃え移ってもあきらめませんでした。しかし、ついに火が彼の頭まで燃やし始めると、絶望して家に逃げかえろうとしました。

ピリカナが丘の道を登って、頂上に近づいたとき、「まだ家へ帰らないでくれ。俺が追いつくまで待ってくれよ。一緒に戻ろうぜ」というマヒコアの声にびっくりしました。周りを見回すと、自分の後に丘を転がってくる頭を見つけたのです。しかし、今や恐怖に襲われたピリカナは、素早く逃げ出しました。その間、頭は後ろから呼びかけ続けていました。彼が一つの丘を通り過ぎ、二つ目の丘を下っている間も頭は後ろを転がり続け、その頭からは時々火の舌が飛び出して、「頭よ！　頭よ！」と叫んでいたのです。「ピリカナを捕まえられるように、奴の歩みを遅らせてくれ」

このようにして、彼らはいくつかの谷を越えて走り、プウライナの平原に到達したのでしたが、そのときピリカナは頭が自分のすぐ後ろまで来ていることに気づきました。そこで彼はその道を通って家に帰るのを避けて、近道をすることにしました。海岸そばのマラの西側、ケオノポコに向かう経路を行ったのです。

この時、何人かの友人と一緒にカアナパリに行こうとしていた一人の予言者が、ぐるぐる回転する頭に追われて走っていたピリカナを見つけて、仲間に言いました。「こちらに向かって走ってくるあの男が、ここへ来るまでにあの頭に追いつかれなければ助かるだろうが、しかし、もし私たちが行ってしまったなら、彼は追いつかれて死んでしまう。だから、ここで待っていよう」。恐怖に襲われた友人たちは旅を続けるように促したのですが、予言者は拒否しました。彼は仲間に、すぐに竹を取って細かく裂くように指示したのです。彼らの前に到着したときピリカナは、完全に疲れ果てて恐怖に陥り、すぐ後ろまで来ていた頭を見ると、気を失ってしまいました。他の人たちは、割竹で激しくその頭を打ちつけて殺しました——彼らは頭は死んだと思っていたのです。ずっと気絶したまま横たわっていた義兄ピリカナは、しばらくすると気が付いて、どうしてこのようなことになってしまったのかを皆に話しました。

その後、予言者と仲間たちは旅を続け、ピリカナはゆっくり家に帰ったのです。

帰宅すると、妹が兄に「私の夫はどこ?」と尋ねました。「実はマヒコアの奴は悪人だった。奴を善人だとばかり思っていたのに、実際は祟りを為す悪霊だったのだ。俺は奴に殺されるところだった」と兄ピリカナは答えました。妹は驚いて更に尋ねました。「兄さんを殺そうとしたですって! 一体どうやって?」。そこでピリカナは彼女に、彼らが出かけてからこのトラブルに遭遇するまでに何が起こったのかを話したのです。その後、やっとそうした事情を理解することのできた妹は、次のように述べました。

「転がる頭が死んでしまってよかったわ。悪霊だったのですものね」

この会話の後まもなく、あの予言者が再び家の前に現れました。

彼は自分の道を進んでいたのでしたが、悪霊の頭がまた現れるかもしれないという直感に襲われて、すぐに引き返してきたのです。実は、マヒコアの頭は竹のたたきの下で気絶しただけで死んでなどおらず まだ生きていたのでした。

予言者はピリカナと妹が話しているところにやって来ると、妹に言いました。「みんなでピリカナの家に行って、そこでマヒコアを待ち受けましょう。邪悪な頭がやってきたら、全員で私を取り囲み、私が彼に見えないようにして下さい。しかし、頭があなたに戻って欲しい、そしてあなたと一緒に住み続けたいと言っても、その要求を受け入れてはいけません。そんなことをしたなら、あなたは間違いなく死んでしまうことになりますよ」

それからしばらくして現れたマヒコアの頭は、「戻って一緒に暮らしてくれるように」と妻を説得したのでしたが、彼女は恐れて返事をしませんでした。

妹が家の中に入っていく前に、予言者はすでに彼女にこう言っていました。「もし、あなたが家に入って寒いと感じても、注意深く耳を澄ましていてください。最初の口笛が聞こえたら、まだ彼は遠くにいるはずです。二回目の口笛で彼は近寄ってくるから、あなたは部屋の一番隅にじっと隠れて彼を待ち構えるのです。悪霊の頭が周りを明るく照らし出すので、彼のいることがわかるでしょう。彼はやってきても、すぐ家の中には入りません。手だけで中を探りながら、頭は外で用心深く誰かいないかを確認するはずです。それであなたを見つけるのを少しでも遅らせることができるでしょう」

予言者がそんな風に指示を終えると、妹は家に帰りました。しかし、真夜中頃に全員が目を覚まして口笛の音を聞いたので、マヒコアの頭がすぐに現れることがわかったのです。口笛が再び鳴ったとき、予言者は妹がいる家に駆け寄って言いました。「夫の頭があなたの息子を養育したいと頼んだとしても、同意しないでください。そしてあなたに外に出ろと言っても、従ってはいけません。さもないとあなたは死ぬことになります」

しかし、予言者が現れた本当の理由は、彼女が警戒しているかどうかを確認することだったのです。マヒコアの頭が呼んだとき、彼女はうっかりそれに答えてしまったので、頭は妻が元の家に戻っているのを確信しました。そこに到着したとき、彼は別の口笛を吹き、さらにまた別の口笛を吹いた後、「おおケイキワイウリ」と初めて妻の名を叫んだのです。「どうか外に出て、ここに来ておくれ」と頭は言ったけど、妻は拒絶しました。「どうして来ないいんだ」と頭が尋ねました。「雨が降ってるわ。だから山の頂上が輝いているのよ」と彼女。「雨なんか降ってないぞ」と頭が答えました。

頭はさらに続けました。「それなら俺たちの子供の一人をよこせ。その子に食べ物をやろう。子供たちの大好きなバナナを持っているんだ。とてもよく熟しているぞ」「あなたになんか一人だって子供をあげるもんですか」。しばらくの間、頭は急いで周りを探していたけれど、妻は見つからないようにうまく逃げ出してしまいました。予言者と他の人々が急いで戸口をふさいだのは、彼女が外に走り出てきたちょうどその時です。扉が閉ざされたとき、悪霊の頭は絶叫しました。「ドアを閉めないでくれ、俺は外に出たいんだ」。しかし、二度とドアが開かれることはなく、家には火が放たれました。マヒコアの頭は家が火に包まれて焼き尽くされるまで、内側で叫び続けていました。いくつもの報告がなされた後、予言者は「邪悪な頭は消えた。もうこれ以上なにも恐れる必要はない」と言ったのです。(Legend of the Rolling Head: More Hawaiian Folk Tales. 拙訳)

奇妙な表現だが、「死んでも生きている」存在は、十三世紀半ばに成立したゲルマン民族の「エッダ」や「サガ」といった英雄伝説に数多く登場してくる。特に「アイスランド・サガ」の死者は、死後もなお生きている者に害を加えたりするのだから質が悪い。この「ぐるぐる転がる頭」もよく似た話で、理由はハッキリしないけれど、この男マヒコアも身近な生者に何かしらの激しい恨みや未練があって、生者に執拗なストーカー行為をする性格はサガの登場人物たちによく似ている。

「エイルの人びとのサガ」から一部引用しよう。ソーロールヴという男が幽霊となって害をなすので、死体を掘り出して別の場所に埋めた話である。

(前略)そして冬がやってくるとソーロールヴは再々自分の屋敷に姿を見せるようになり、特に主婦を狙った。男たちの多くもこれに被害を受けたが、主婦はほとんど発狂せんばかりだった。こうして遂に主婦は死んだ。彼女もソールスアー谷に運ばれ、ソーロールヴのそばに埋葬された。このことがあってから人びとは屋敷から逃げ出した。ソーロールヴは今や谷のいたるところに出没するようになり、谷にある屋敷という屋敷を荒した。このように彼の出現はつのり、ある者は彼に殺され、ある者は逃げ出した。そして死んだ者たちもみなソーロールヴと一緒になって出てきた。

（谷口幸男「アイスランド　サガ」新潮社、一九七九年）

サガの場合、死後亡霊となって凶暴な性格そのまま生者に害をなす人間に共通しているのは、生きていた時から社会に受け入れられなかった点である。

このような人間が現世に立ち戻ってくるのは、当然のことと考えられていた。彼らは生前の人生に満足していなかっただけに、自分の死に方にも満足しておらず、自分の性格や悪行のために、墓の中で永遠の安らぎを得られないのである。つまり彼らは生者の共同体に適応しえなかったから、死者の共同体にも適応しえないのである。

（阿部謹也「西洋中世の罪と罰」講談社学術文庫）

首の話は、もっと遡るなら、ギリシャ神話のゴルゴン三姉妹が思い出される。ステノ（力）、エウリュアレ（遠く飛ぶ）、メドゥサ（女王）の中で、何故かメドゥサだけが不死身ではなく、ペルセウスに首を切り落とされることになったのである。彼女の顔を直接見ると石になってしまうため、ペルセウスは青銅の盾に映る姿を見ながら首をはねて、袋に入れた。しかし、メドゥサの首は死後もその魔力を維持して、ペルセウスは何度か敵の前で袋からそれを取り出して、相手をことごとく石にしてしまったのである。しかし、実際にはメドゥサは元を辿れば、女性の知恵を表すリビアの「万神の母」であった。彼女は、過去であり、現在であり、未来であった。（つまり「今いまし、昔いまし、やがて来るべき者」）。

「私を覆うヴェールを持ち上げられた人間はいなかった」とメドゥサは言ったが、それはメドゥサが死であって、メドゥサの顔を面と向かって見ることは死ぬことを意味し、すなわち葬式の彫像のように「石に変えられる」ことであった。メドゥサは未来であったので、ヴェールをかぶっていた。未来はつねにヴェールをかぶるものだ。（『神話　伝承事典』）

古代ローマでも、死者が墓の中で生き続けているという信仰は強かったようで、死者に対して「お元気で、土がおまえに軽く感じられますように」（『西洋中世の罪と罰』）と付け加えたのだという。しかし、キリスト教がヨーロッパに浸透してくるにつれて、こうした「死んでもなお生き続ける死者」の姿は霞んでくる。死後の人間は、天国か地獄のいずれかへ行くことになっているのがキリスト教だからである。

このハワイ伝説も恐らくは、キャプテン・クックがハワイにやって来る以前の古い話なのだろう。

キリスト教宣教師が来る一八二〇年以前、ハワイには魔術師の役割をする「カフナ」と呼ばれる様々な専門家たちが住んでいたという。彼らは霊的な存在と交信したり、病気を治したり、神の怒りを鎮めたり、ホオポノポノ(ものごとを元通りにする)という儀式を行ったりしていた。しかし、宣教師たちの命令により、カフナが儀式を行うことは禁じられてしまったのである。

ハワイ語の「カフナ」は古代ハワイの知識階級をさし、「達人」や「専門家」を意味する言葉です。カフナはカヌー作り、建築、系図学、気象学、航海、薬草、治療、マッサージ、詩、祈り、予言といったさまざまな専門分野の達人たちでした。カフナになるには性別は問われませんが、父母、おじ、おば、あるいは祖父母などなどの弟子になり長年にわたる厳しい訓練を受けなければなりませんでした。
(シャーロット・バーニー「フナ　古代ハワイの神秘の教え」丸子あゆみ訳、ダイヤモンド社、二〇〇五年)

首は身体から独立しているとの考えは古来世界共通らしく、斬首刑もしくは死後の首切りもそのためなのだろう。

実は、グリム童話の初稿(一八一〇年)にも「生き続ける首」の話が載っているので、その「あらすじ」をご紹介しよう。兄ヤーコプ・グリムが収集したこの話(ファンフレルッシェンの首のメルヘン)を「グリム童話集」初版(一八一二年)に採用しなかったのは、面白いけれど、「家庭と子供たち」には相応しくないと考えたからかもしれない。

金を盗まれた騎士が、犯人の魔法使いの首を一刀のもとにたたき落としてしまう。ところが、その切り落とされた首が、強張った顔つきで騎士を眺めているので、騎士はそれを更に真っ二つにしてやろうとした。すると首はピョンピョン跳びはねながら逃げ出したのである。騎士が追いかけると、首は川に入って泳いで逃げるので、騎士もあきらめようとした。ところが今度は首の方が、騎士の後をピョンピョンとついてきたのである。騎士が追えば逃げる、あきらめればついてくるを繰り返しているうちに、首は「どうも気分が悪い」と言い出した。騎士が「どうすればいいか」と問うと、「抱きしめてください」との返事。しかし、騎士が顔を近づけると、首は彼の鼻に噛みついて、揺れながら頭の上に乗ってしまったのである。そして、どんなにしても首はもう騎士の頭から下りなかった。

「この世で、この騎士のように面倒な状況になった人はいなかったほどです」(拙訳)と物語は終わっている。

(Grimms Märchen in ursprünglicher Gestalt. Nach der Ölenberg Handschrift von 1810:Märchen von Fanfreluschens Haupte: Insel Verlag.)

アメリカ・インディアンの民話の中に「転がる首」の話を見つけたので、少し触れておく。一段と残酷なこちらの話もまた、どこにも救いなど見いだせない後味の悪い結末となっている。

二人の子供のいる妻が夫の留守中、近くの湖に棲む大きなヘビと浮気をしていた。裸の妻に巻き付いているヘビを目撃した夫は、ナイフでヘビも妻もずたずたに切り裂いてしまったのだ。その後、夫は妻の肉を持ち帰り、料理して子供たちに食べさせたのである……子供たちは知らずに母親を食べた。そして父親は子供たちを置き去りにして出ていってしまう。

「すると母親の首が二人のところへ転がってきていった。『自分の子供に食べられてしまってわたしはとても悲しいよ』。二人の子どもは逃げたが、首はあとを追いかけた。とうとう子どもたちは疲れきってしまったが、母親の首はなおもあとから転がってきた。そこで年上の女の子が地面に線やしるしだのを描くと、ひじょうに深い穴があいたので、首は渡れなかった。」

それから、誰かが二人にとても親切にしてくれたおかげで、いろいろな食物を沢山食べられたのである。さらに二匹の大きなヒョウと大きな黒クマが、あらゆる乱暴な動物や人間から二人を守ってくれた。

「人びとは子どもたちがあらゆる種類の食物をたくさん持っていることを聞きつけ、子どもたちのほうへ移っていった。彼らが着くと、子どもたちは彼らを招き、さまざまな仲間が子どもたちといっしょに食事をした。とうとう彼らはみな去った。いまは子どもたちの父親だけがまた子どもたちのところへ残った。ところが子どもたちは、父親が自分たちにたいしてしたことを憤慨した。そこでライオンを父親に跳びかからせ、父親は殺されてしまった」

（『アメリカ・インディアンの民話』「ころがる首」「シャイアン族」抜粋）

転がってくる母親の首からは子供が恋しいというより、子供に食われてしまった無念さや怨念を強く感じるのだ。いずれにせよこの両親はどちらも自分勝手で、子供のことなどほとんど考えることはなかったのだろう。子供の人権を尊重せよと言われ出したのはやっと二十世紀になってからのことで、それ以前例えば中世ヨーロッパなどで、子供は「小さな大人」と見なされてそれなりの役割を果たしてもいたのである。生きていくのが精一杯の時代、大人が子供のために特別の時間など作る余裕はなかった。（だから、子供は幸せだった）。

妻に浮気された男が彼女を殺してしまった気持はわかるけど、それから母親の肉を子供たちに食わせてしまったとなると、まともな感覚でついていくことができない。子供たちだって男同様母の浮気の被害者なのに、彼らまで巻き込んで更に苦しませる父親の身勝手な行為は全くもって理解不能である。結局、彼は子供たちに復讐される。まさに「因果はめぐる車の輪」である。

あまりに衝撃的で、鮮烈に私の記憶に残っているのは二〇〇七年五月に会津若松市で起きた「母親の切断頭部をバッグに入れて持ち歩いていた少年」の猟奇事件である。自首してきた少年に応対した婦人警官は、生首と目が合った時、卒倒してしまったという。母親は、頭に加え右腕も鋸で切断されていたのである。

「切断された腕は白色の塗料で着色されたうえ、室内にあった観賞用の植木鉢に差されていたという。室内からは遺体切断に使われたとみられるのこぎりも押収されており、県警は少年の動機とともに、当時の精神状態などについても慎重に調べている」(二〇〇七年五月十六日、朝日新聞朝刊)

関連して、インディアンの民話をもう一つ。アラパホ族の「ペテン師、子どもたちを殺す」というこれまた残酷な話なのだが、殺人をここまで単純に「あっけらかん」と書かれると、あまり驚かなくなってしまうから不思議である。メルヘンの中の残酷さがほとんど記憶に残らなくなる理由が、こんなところに潜んでいるのではあるまいか。つまりは「決してリアルに表現せず、あくまでも明るく素っ気なく描いている」のである。


クマ女たちにニハンサンという伯父がいた。

あるとき、彼はクマ女や子供たちのところに行って、「川上に西洋スモモがあるから取りに行っておいで」と言う。「みんな連れていきな。赤んぼは置いていくがいい。わしが番をしてやるから」。みんなは出かけて行った。

「そこで彼は、赤んぼの首をみんなちょん切った。首は揺り籠にもどし、死体は大きなややんに入れて煮た。クマ女たちが帰ってくると、彼は女たちにいった。『ここのあの丘へはいったことがないだろう。あそこにはオオカミがたくさんいる』『ここのあの小さい丘にかい?』と彼女たちはたずねた。『そうだ。おまえたちがいっている間に、わしはオオカミの子どもを掘り出して、煮てやった』すると彼女たちはみな喜んだ。腰を下ろして食べはじめた。子どもたちのひとりがいった。『これは妹の味がするよ』『おだまり!』と母親がいった。『そんなこというもんじゃない』ニハンサンは心配になってきた。『ここはどうも暑すぎるな』といって西洋スモモを取り出し、少しはなれたところへいった。そこへ腰を下ろして食べた。食べおわると彼はさけんだ。『ほほほっ! クマ女、おまえたちは自分の子どもを食べたんだぞ』

クマ女たちがみな揺り籠のところへ飛んでいくと、子どもの首しかなかった。たちまち、女たちは彼を追いかけた。

この後、ニハンサンが穴に潜って逃げると、女たちもみな中へ潜ってきた。別の穴の出口から外に出た彼は、穴の入り口で火を焚いて女たちを皆殺しにしてしまったのである。

「ニハンサンは火を消して、女たちを引きずり出した。『腹がへっているときには、こうして食べ物にありつける。』と彼はいった。肉を切って少しばかり食べ、残りは木に吊るして乾かした。それからひと眠りした」

(「アメリカ・インディアンの民話」抜粋)

オアフ島に伝わる「ケアニニ・ウラ・オ・カ・ラニ」もまた、あまりにも残酷な話なのだが、迷った末にやはり掲載することにした。物語自体粗削りで一部因果関係もはっきりせず、要領を得ない部分が多い。いくつかの話が合わさっているのか、あるいは逆に、いくつかが脱落してしまったため、脈絡が不明になってしまったのかもしれない。更に前半は、女性の美しさを外見だけにこだわる偏見があり、現代では明らかな差別であって、とても受け入れられる物語ではないだろう。

しかし考えてみれば、あまり遠くもない時代(昭和二十年代でも)、町は乞食(この言葉自体が差別語と指摘されるが、他に適切な表現が浮かばない。ホームレスとは別だし……)で溢れ、そうでない人々もほぼみんなが貧しい時代であった。子供たちもテレビやゲームがあるわけでもなく、身体障害者(戦争による被害者は多かった)を見かければ、面白がって平気でその物真似をして、それを注意する大人も少なかった。やはり世の中に余裕が生まれてくるにしたがって、人々に他人を思いやる成熟した感覚が生まれてくるのではあるまいか。これは、あからさまな差別や残酷性など、まだまだ古代社会の名残が漂う神話的時代の物語なのだが、同時に「これからも同じようなことは起こる」可能性を秘めているとも言えるのである。

ケアニニ・ウラ・オ・カ・ラニ　(人気のハワイ伝説オアフ版)

クアイヘラニ(神話上の国)で生まれたケアニニ・ウラ・オ・カ・ラニ(伝説的人物である)の父は

クワイロ、母はハウメアという名でした。その地にはすべての半神たちが住み、それらの中にはペレやカモホアリイ、そしてその他沢山のクプア(半神)の先祖たちもいたのです。

ケアニニ・ウラ・オ・カ・ラニが誕生してから十分に成長するまで何年も育てたマカリイに、彼は養子縁組されました。人々は彼が大人になると、妻を選ぶように望みました。彼は目鼻立ちが整い、姿かたちが美しいことで知られていたのです。そして、ゲームや娯楽にも精通し、釣りも大好きでした。望ましい伴侶を選ぶ助けになるようにと、彼の祖父母ケアウミキとケアウカが良き仲間たちと共に選ばれました。ふさわしい女性を捜すという重要な航海の十分な準備をして、椰子の木のカヌーで出港し、何日か後、ニイハウに到着したのです。

自分たちの用向きを知らせると、人々はカポリ・コロハレという可愛い女の子を船の所へ連れてきました。しかし(美男の)ケアニニと較べると、彼女の身体はまだバナナの蕾のように幼かったので、彼らは比較するのをやめてニイハウを去り、カウアイに向かって出帆しました。

カウアイ生まれのカハラオマプナは誰もが認める美人でしたが、身体の一部が大きなシミに覆われていたので、彼らは遠慮して、オアフ島に向かったのです。ワイアエラもここでよく知られた美人だったのですが、身体に障害があったので、彼らは次にモロカイ島を訪れました。そこではハウプが最も美しい女性で、マウイ島のハナではポポアラエが一番の美人でした。彼女たちはみな本当に美しいお嬢様たちでしたが、しかしケアニニ・ウラ・オ・カ・ラニの完璧に近い肉体との類似点は無かったのです。

それから彼らはハワイの方向に向きを変えて、霧がワイピオの崖にかかっていたマウイを離れ、海峡を渡って出帆しました。高波の上にうまくカヌーを乗せて、ワイピオ渓谷の河口沖に到着した時には既に夕暮れになっていました。彼らは意気揚々と上陸して奥地に入っていったものの、カプ(タブー)の季節に上陸したために首長の家近くで捕えられ、収容所に入れられてしまったのです。

収容所の中で杭を立てることを「マノの柱」といいます。侵略者は朝までその柱に縛り付けられてマノのために断食し、日が昇ると外に連れ出されて神の祭壇に生贄として捧げられ、死体は穴の中に投げ込まれるのです。

投獄された彼らは必死に祈りました。

「カネ神が上に植えたポポロ(食糧不足の時期に食べられる作物)が育ちました。上に葉があり、上に実があり、熟しました。カネのポポロは全部まとめて収穫されました。夜の季節は多種多様です。あなたは夜の季節に救済の役を果たして下さいます。大いなる夜に備えてください。不吉なまま夜は過ぎ去ろうとしています。夜にあなたは旅をなさいます。おお、多くの神々と親友たちの住むクアイヘラニのケアニニ・ウラ・オ・カ・ラニよ、聞いて下さい！　おお、ロノ・ヌイ・アケア(三位一体の神)と神々の集まりよ、我々をお守り下さい」

ちょっと休んだ後、彼らは改めて祈り始めました。

「眠っているのですか、ケアニニ・ウラ・オ・カ・ラニ？　お聞きください、コヒケエケエ！　おお、ハラワラワ！　おお、カウマウナア！　おお、コホレワイ！」

「クアイヘラニのような夜でありますように！　この偉大な不吉な日のために、偉大な夜が用意されなければなりません。夜が過ぎ去っていきます。アーメン、アーメン、カプ(タブー)は終わりをつげ、逃げ去っていきます」

(一方、クアイヘラニにいた)ケアニニ・ウラ・オ・カ・ラニは自分の使者に降りかかっている苦痛に気づいて、彼らに代わって神々をなだめようとして宴会を催し祈ったのです。

「神々よ、ここに御馳走があります。おお、カフリ・カヘラ(くつろぎの神)、顔を上に向けて眠る女神よ、モエハヌナ、ミキカオメ、そして他の神々よ、お目覚め下さい！　目覚めよ！　目覚めよ！　雨、太陽、静寂、優しく下界に忍び寄る山霧、男の海、女の海、理性を失った海、荒々しい海、狂った海、満ち潮、引き潮、島は海に囲まれています。砕け波、カヒキカラニの荒々しい波。来て、立ち上がって、この死を回避してください。ロノ、これはあなたへの祈りです。おお、ロノ、夜のロノ、昼のロノ、雷のロノ、稲妻のロノ、大雨のしずくのロノ、絶え間ない雨のロノ、おお、ロノよ、あなたは飛んでいる、コナの海へ、コウラウの海へ。オヌエラ(赤い砂地)、オネエリ(堀砂地)、オネラウアカネ(カネ神がでしゃばる砂地)、ウマウマには白い甲殻魚、貝、イカ、目のない魚、クアラカイ(魚)、パキイモエオネ(蟹)、ウラエ(魚)、鋭い歯のプヒ(魚)が住み、洞窟にはアーマ(黒い蟹)が、断崖絶壁の入り口にはパイエア(蟹)、岩の隙間にはピイ(ほら貝)が住み着いております。おお、ロノよ！　ここに御馳走があります。私ケアニニ・ウラ・オ・カ・ラニによって生命が救われますように。アーメン、アーメン。禁忌が終わらんことを！」

（祖父母の）ケアウミキとケアウカがケアニニ・ウラ・オ・カ・ラニの名をあげて祈っていると、それを聞いていた収容所の監視員が、すぐに首長のオロパナに知らせました。監視員たちは閉じ込められていた男たちの祈りの声を聞いていたのです。彼らがケアニニ・ウラ・オ・カ・ラニの名をあげて祈っていたのを知った首長は、直ちに収容所から皆を解放するようにと監視員に命じました。解放された彼らが連れてこられた時、オロパナは「どこから来たのか」と尋ねました。「ケアニニ・ウラ・オ・カ・ラニの島カヒキから。そのクアイヘラニには半神たちがお住まいなのです」。それから皆は完全に解放されました。

首長が尋ねました。「あなたがたは何のためにこの旅に出たのかね？」

「私たちは首長であるケアニニ・ウラ・オ・カ・ラニの妻を捜しに来たのです」

するとオロパナが言いました。「一人女性がいるのだが、それは私の妹ハイナコロ（コソコソして無慈悲の意）だ」

オロパナは、戻って彼らの首長にこのことを知らせるようにというのです。首長の妻となるであろう自分の妹を迎えに来るようにと。

その後ただちに彼らは故郷に戻りケアニニ・ウラ・オ・カ・ラニの前で、妻を見つけたこと、そして彼女は自分をハワイに迎えに来てくれるかどうか尋ねていると報告したのです。首長はすぐに同意し、準備が整えられて、ケアニニのカヌーはハワイへと旅立ちました。

出航当日に現れたクムヌイアイアケという赤い魚に首長が「お前の望みは何か?」と聞くと、

「私はあなたについていきたいのです」

「お前は何ができるのか?」と、今はクム・ウラ(赤魚)のように見えるケアニニが尋ねました。

「水上であなたを守り、保護するために同行したいのです」

首長はすぐに同意して、クムもカヌーに乗るのを許しました。するとと続いてモイ(王という魚)が現れました。「そこにいるのはモイか?」とケアニニ。モイの鼻は膝のような形をしていました。「ここにいるのはもう一人の旅の守護者です」。結局、首長は彼らをみな連れていくことにしたのです。初めはクム、次にモイ、三番目アホレホレ(魚)、四番目モアヌイカレフア(魚)。皆ケアニニと一緒にハワイのワイピオに到着したのです。

著名な首長が到着した時の習慣に従って、立派な首長オロパナはクアイヘラニからの訪問者のために大宴会を準備しました。ハイナコロとケアニニの婚礼がサーフライドやその他のスポーツ競技で祝福されました。このような楽しい宴会で皆が親密になり、二十日間一緒に暮らしたのです。彼らがカヒキに戻って、レイマカニ(「風の渦巻き」の意)という名の息子が生まれました。

ところが、それから間もなくケアニニ・ウラ・オ・カ・ラニはハイナコロを見捨てて、彼の養父母ウアカリイの娘ホパイオネムウと一緒に暮らし始めたのです。夫の愛の裏切りを嘆き絶望したハイナコロは、神々に祈らず、カプス(タブー)を無視したままでした。

それから彼女はハワイに戻るべく、息子と一緒に椰子の木のカヌーに乗ったものの、その船は海の真ん中で転覆してしまったのです。しかし、ハイナコロは息子と共にニイハウに着くまで海を泳ぎ切ろうと必死でした。泳いでいた時、陸地が見えると思った息子が母に「見て、ハイだ、ハイ鳥だよ！」と叫ぶと、ハイ鳥が言ったのです。「あれは鳥ではありませんよ。水しぶきの霧で、島の近いことを示しているのです。あなたがたはすぐ海岸に着くでしょう」

二人はカウアイ島ナウィリウィリに着くまで泳ぎ続けました。そこで彼らは海を渡ったカヌーを捨ててハワイのカヌーで航海し、ハイナコロの生まれたワイピオに到着したのです。ハイナコロは熟したパンとウレイの実を掴むと、息子レイマカニを思いやることもなく、神々に祈る前にそれらを一心不乱に食べてしまいました。彼女は取り乱したまま山を登って行って、そのまま姿を消してしまったのです。

レイマカニは母と上陸したその場所に留まり続けていました。

夕方になると、二人の老人たちがパオを釣るためにその場所へとやってきました。それは二人の毎日の習慣でした。いつもの場所で魚を釣り始めた二人は、そこでレイマカニに出会ったのです。魚を捕まえようとしていた老人たちは、代わりに子供を捕まえた(出会った)という訳です。オパエロロに住んでいた老人たちの名はカホロウカ(「高地を走る」意)とカホロカイ(「海に向かって走る」意)。二人は少年に食事を与え、大切に育てました。その間、レイマカニはずっと老人たちとだけ生活を続け、誰にも会うことはありませんでした。ハマクアの女首長ルウキアがレイマカニを見つけるまでは。

ルウキアは美少年の彼を見かけた瞬間、恋に落ちてしまったのです。彼女はレイマカニを夫に望み、彼の名をオラパ・イキ・ヘレワレ(「裸の小さなオラパ」の意)と呼ぶことにしました。こんな風にして二人は生活を共にし、やがてルウキアは男の子を生んで、ロノ・カイ・オロヒア(「神のように崇められる人」の意)と名付けたのです。

ところがロノ・カイ・オロヒアを育てていたルウキアは、ある日なぜか突然夫に激怒して、子供をパホエホエ(ドロドロの溶岩の中)に投げ込んで殺してしまったのです。

レイマカニはバラバラにまき散らされてしまった子供の死体を集めると、ネウパという布にくるんで嘆きました。

「私の子は死んでしまった。その血が天国にまき散らされますように。その血が地上で燃え上がりますように。草原にまき散らされますように。私はその赤い血をただ拾い集めるだけ。命の血を集めてネウパにくるんで、天国の輝きの中にそれを吊るそう。おお、ロノカイオロヒア、おお、ロノカイオロヒアよ」

このようにレイマカニは子供を失った淋しさを激しく嘆き悲しみました。そしてルウキアの残酷さを神々に告発し、彼女への復讐を誓ったのです。(Keanini-ula-o-ka-lani: More Hawaiian Folk Tales. 拙訳)

祝福されて結婚したはずの夫ケアニニ・ウラ・オ・カ・ラニは知り合いの若い娘と一緒になって、妻と息子を捨ててしまう。そして次には、この妻であり母であるハイナコロが息子レイマカニを置き去りにして姿を消してしまうのである。彼女は精神を病んでしまったとでもいうのであろうか。（これは後のルウキアにも同じことが言えるのだが）。

この美男の息子は女首長に一目惚れされて結婚したというのに、あろうことか、二人の間にできた子供は溶岩の中に投げ込まれて殺されてしまった。この物語は、どこにも一切救いなど見いださず、ただ「こうだったのですよ」と述べているだけなのである。一種の反面教師のごとく淡々と「こんなことがあった」訳で、善悪はまた別次元の問題なのである。こんな出来事があった、それが伝えられてきた、きっと、そういうことなのだろう。

考えてみると、現実社会の残酷さはこうした神話や昔話の世界などよりはるかに理不尽で意味不明なのではあるまいか。今、これを書いている二〇二三年五月の国内事件だけでも見てみよう。

一日「千葉で、ひき逃げの男逮捕。無免許。まさか人とは思はなかった、と供述」。「F市議会議員選挙に落選した若い女。駅構内にサリンをまくと公表。逮捕されると、実は刑務所に入りたかったと供述」

二日「女が同居していた男性に熱湯を浴びせ、男性は全身やけどで死亡。女はあやまってカップヌードルのお湯がかかったと証言」。「埼玉県の六四歳の無職男性。手製の吹き矢で猫を射ち、動物愛護法違反で逮捕。遊び半分でやったと供述」

三日「横浜市のマンション地下駐車場で自分の車に放火し六台を巻き込んだ五十代の男、逮捕。数日前には同じ駐車場の七十台の車ボンネット上にガス缶ボンベを置く」。約二カ月前にはフィリピンから指示を受けた強盗団も逮捕されていた。十九歳の少年が九十歳の老女の両手を縛って「金を出せ」と顔面、全身を殴打して殺害。肘から骨が露出するほど激しく暴行を加え、殴打のほか足で踏みつけた可能性が高い。

九日「東京銀座で高級腕時計店に白昼堂々四人の覆面強盗」。後日、警視庁少年事件課は十六歳から十九歳の高校生やアルバイトの男性四人を住宅侵入容疑で逮捕したと発表。(被害総額二億五千万円)。

十日「六十一歳の男、中一男子の胸を刺す」。「私がやった」と容疑認める。

十一日「秋田市内でコンクリート詰めにされた女性死体発見」。遺体の一部は皮下脂肪がろうのように変化しており、長期間空気に触れない状態だった。

十三日「江戸川区の中学教諭、殺人容疑で逮捕」。十日に逮捕された際には容疑を否認していたが、その後黙秘に転じた。

十五日「ジャニーズ事務所女性社長、少年たちの性被害を(知らなかったと)謝罪」

十八日「市川猿之助さん、両親とともに緊急搬送される」。自宅で意識朦朧としている三人をマネージャーが発見。両親は薬物中毒。家族で死んで生まれ変わろうと話したという。

二十三日「カンボジアを拠点とした特殊詐欺事件」。暴対課は日本人男性計十九人を詐欺容疑で再逮捕したと発表。「グループによる被害は約百三十件、総額約九億四千万円に上るとされる」(毎日新聞)

二十四日「叔母にもタリウムで再逮捕」。毒性の強いタリウムを叔母に摂取させて重篤な状態にした疑いが強まったとして、大阪府警はM被告に逮捕状を取った(本人は知人の女子大生をタリウムで殺害したとして起訴されている)。

二十六日「長野県中野市、猟銃持った男立て籠もり事件。四人死亡」。悪口を言われたと一方的に思い込んだ男、高齢女性二人を刺殺。更に、駆けつけたパトカーの警官二人を猟銃で射殺した。目撃した住人の証言。「パトカーに銃を向けて笑みを浮かべているようだった」(「毎日新聞」二十七日朝刊)

三十一日「ジャニーズ事務所、十数人が性被害」。ジャニー・喜多川(二〇一九年死去)性加害疑惑。(後に被害者は数百名以上と判明)。

滋賀県甲賀市の消防署。ワクチン接種を辞退した職員を隔離し、ずっと廊下脇で仕事をさせていた。

以上はこのひと月に起きた比較的目立つ事件のみを簡単に書いたもの(この翌月には札幌で二十九歳の女が男の首を自宅浴槽にかくしていた事件発生)だが、似たようなことは以前にもあったし、恐らくはこれからも起こるのだろう。我々は現在、高度な文明社会を生きていると思っているけど、実はあらゆるものが砂上の楼閣のごとく脆いものであることをもっと認識すべきではないか。ある日突然、安全なはずだった原発は爆発するし、独裁者は理の通らぬ屁理屈を並べて隣国を平然と侵略する。何が正しくて、何が間違っているのか。「人殺しが何故いけないのか」「どうして戦争がいけないのか」、真剣に議論すべきだろう。「弱者にやさしく」「老人を大切に」といったあたり前のことが、今ではちっともそうではなくなってしまった。そう、現実世界の物凄い不条理に我々はとっくに慣らされてしまっているのだ。物語の中の残酷性など、可愛いものではないか。

さて、では最後に、愉快な話と悲しい話を載せておこう。まずは、崖が背伸びをするというユニークな話から。

崖と人間の伸比べ

モロカイ島の北岸にある険しい崖の上にカピピカウイラ(Kapipikauila)という男が住んでいた。彼はハカラニレオ(Hakalanileo)という男の美しい妻ヒナ(Hina)を好きになって言い寄り、とうとう自分の妻にしてしまった。夫のハカラニレオは怒ったけど、カピピカウイラには勝てそうになかった。そこで彼は「誰か強い男に頼んで、ヒナを取り返したい」と思っていたのである。するとニケウ(Nikeu)という男が強いカウア(Kaua)という男を紹介してくれたのだ。

出会ってすぐにカウアの恐ろしい顔に驚いたハカラニレオは、そのまま逃げ出そうとした。しかし、カウアはハカラニレオをつかんで、そばに引き寄せ、

「何かわしに頼みたいことがあるのか」

と尋ねてくれたのである。

彼はカピピカウイラに妻を奪われたことを話して、

「どうか私を助けて、憎い人妻泥棒をやっつけて下さい」

と頼んだのだ。カウアはその頼みを引き受ける約束をすると、すぐに大きな木の幹をかきむしって、二艘の丸木舟を作り、魔法杖を手にしてニケウと共に乗り込んだのである。

途中には、いろんな障害が横たわっていたが、カウアが魔法杖をふるってこれに立ち向かい、すぐこうした障害は消え失せていった。

舟がカピピカウイラが住んでいる高い崖の下に着くと、カウアはニケウに向かって、

「お前、崖を登って行って、ハカラニレオのお嫁を取り返して来い」

と言った。

ニケウはすぐに崖を登り、カピピカウイラの家に踏み込んで、ハカラニレオの妻ヒナを連れ出した。それを知ったカピピカウイラは怒り出して、鳥たちに、

「女を取り返して来い。」

と命じたのだ。すると鳥たちはいっせいに飛び立って、ニケウの頭の上に糞をしたのである。そ

してニケウが驚いている間に、ヒナを奪って飛び去ってしまった。

「よし、それでは今度は俺の番だ」

とカウアは叫んで、舟の中で立ち上がると、見る見る背が伸び始めて、やがて崖と同じ高さになったのである。しかしカピピカウイラも負けてはいなかった。

「そちらが背を高くするなら、こちらも負けんぞ」

と、崖の上の魔法の木の枝を切り落とすと、見る間に崖がむくむくと動き出して、次第に高くなって行ったのだ。

それを見たカウアの方も更に自分の背丈を伸ばしたのである。しかし背丈が高くなるにつれて、彼の体は次第に細く長くなり、それでもまだ伸ばしていると、とうとう蜘蛛の糸のように細くなってしまった。崖はどこまでも高くなり続けるので、さすがのカウアもすっかり参って、

「カピピカウイラ、喧嘩は、わしの負けじゃ」

と叫ばねばならなかった。

疲れ切った彼が、恐ろしく細長い体を海の上に横たえると、脚はモロカイ島にかかって、頭はハワイのコナに届いた。コナに住んでいたカウアのお祖母さんは、孫がやせ細っているのを見ると、

「可哀想に、これでは立ってもいられないはずじゃ」

といって、山ほど食べ物を運んで来てくれた。喜んだカウアは次々にそれを食べているうちに、だんだんと太り始めたのである。

カウアは太って力がつくと、再びカピピカウイラと戦いを始めた。彼はまず魔法の樹の枝をすっかり切り取って、海の中に放り込んだのだ。カピピカウイラにとってこれはたいへん困ったことであった。魔法の樹の枝がなくては、崖を高くすることが出来ないのだから。カウアは、更に背丈を伸ばして崖と同じ高さになると、崖の上でまごまごしていたカピピカウイラを掴み殺してしまったのである。こうして彼は、見事にハカラニレオの妻ヒナを取り返してやることが出来たのであった。

（モロカイ）

若人の死

ラナイ島の西南端に、プウペヘ(Puupehe)の墓があり、悲しい伝説が残っている。マウイの王様の家臣ウアウア(Uaua)にプウペヘという美しい娘がいた。彼女に魅せられて恋人になったのは、マカケハウ(Makakehau)という若い戦士であった。

マカケハウは、プウペヘがあまり麗しいので、他の男に狙われないかと恐れていた。そこである日、彼はプウペヘに、

「一緒にマラウエアの洞穴に住むことにしよう。あそこなら人目につかずに、二人で楽しい生活が出来る」

と言うと、彼女もすぐに同意したのである。

こうして洞穴の中で、若い二人の楽しい生活が始まった。

ある日マカケハウが洞穴にプウぺぺを残して山の泉の水を汲みに行った時、突然天気が悪くなって、海は大しけになった。

「大変だ、こんなに海が荒れてはあの洞穴にも波が襲ってくるぞ」

と思ったマカケハウは大急ぎで洞穴に戻って行ったのだ。

彼は嵐の中を一気にマラウエアの洞穴に駆けつけたのだが、洞穴の中は水が溢れ、プウぺへは既に溺れ死んでいたのである。

次の日、大勢の漁夫たちがマカケハウの嘆きの声を聞いて、洞穴へと集まって来た。彼らはプウぺへの体の上に沢山の花を載せて、マネレの墓地に埋めようとしたのだが、マカケハウは、「もう一晩だけプウぺへの側にいたい」と願った。

夜が明けて、漁夫たちが再び洞穴に行ってみると、プウぺへの亡骸もマカケハウも、消えていた。マカケハウは絶壁の上に立って、石を積み上げていたのである。その切り立った壁はとても人間の登れる所ではなかった。

マカケハウは一生懸命に恋人のための墓をつくり続け、彼女の亡骸を埋めた墓の最後の石を載せると、プウぺへを悲しむ歌を歌ったのである。

プウぺへ、そなたはどこにいる
マラウエアの洞穴にいるのかえ

美味しい水を持て来よか
山のお水を持て来よか
水鳥、木の実を持て来よか
海亀、赤い実、美味しい実
それらをそなたは煮てるのか
マウイのカロ(一種の野菜)をつきましょか
それとも一緒に水汲もか
鳥も魚もみな苦い
山のお水は酸っぱい
わしはお水をもう飲まぬ
マネレの大鮫アイプヒと
一緒に何か飲みましょう。

歌が終ると、彼は絶壁から真っ逆さまに落下し、岩に砕けてしまった。(ハワイ)

(「オーストラリア・ポリネシアの神話伝説」)

何とも悲しい話である。いくつであっても人が死ぬのは悲しいには違いないのだが、若者の場合には特にやりきれない。それは、肉体的にはまだまだ死ぬには遠い年齢で、生きていられたならもっと人生を謳歌できたはずだからであろう。愛する人を失った時の心の空洞は、どんなことをしても癒されることはなく、強いて言うなら、ただ時の流れだけがゆっくりと心を麻痺させてくれる。そして、愛した人の存在は時を経るにつれて、残された人の心の中でますます大きくなっていく。

マカケハウのプウペへを悲しむ素朴な歌はせつなく、心の琴線に触れる。

世界各地で様々な争いやテロが続く。沢山の人が死に、何倍もの人々の悲しみだけが残される。人間の英知が、哲学や文学、科学、医学等々をこれだけ発達させても、憎しみという感情の前ではすべてが無力となってしまうのであろうか。個人的には、まだそうした人類の英知やヒューマニズムを信じ続けたいと思っているのだが、それは無理な注文なのであろうか……。

あとがき——アロハ・カフェ

　カフェのテラスは昼下がりの時間帯のせいか、とても混んでいた。どのテーブルも恋人たちや家族連れでほぼいっぱい。珈琲を飲みながら静かに書き物でもしようと思っていた計画はちょっと狂ってしまった。そういえば以前よく訪れた午前十時前後はちょうど朝食が終り、ランチにもやや早いといったタイミングのいい時間だったのかもしれない。テラスの南奥にある海を見下ろすテーブルに陣取って、安い葉巻をくゆらせながらコナ珈琲を飲み、メモを取るのがいつものパターンだったけれど、今日のところはまあ、あきらめよう。真っ青な海には、時折大きな白い豪華客船が通っていくのが見えた。

　九月上旬のハワイ島は目まぐるしくお天気が変わった。朝はいい天気だったのに、マウナ・ケアの上に白い雲がみるみる吸い寄せられていくと、昼近くには土砂降りになるのが常だった。しかし雨も長く降り続くことはなく、せいぜい一、二時間でもとの青い空が戻ってはくるのだが、湿度は高くなって少し蒸し暑くなる。

　今日も午前中、熱帯魚の多いマジックサンド・ビーチ近くで泳ぎ、その後に思い立って、またマーク・トゥエイン・スクエアまで車を飛ばすことにした。そこはモンキーポットの木が立っている他には別段何の変哲もない場所ではあったけれど、大きな木々が作る濃い緑の影と、木々を渡る風音とが心を和ませてくれた。

あまりドライブする気もなかったのに、結局サウス・ポイントとスクエア往復で一四〇マイルも走ってしまった。カーブとアップダウンの多い道路は快適だったものの、戻ってくる時には流石にややうんざり。途中からは前を走る二両連結のトラックとずっと一緒だ。トラックは大体五〇から六〇マイルのスピードをキープしていたし、無理に追越をかけるのも危険だった。そして、やや疲れたかなと感じ始めた頃、タイミングよくこのカフェにやって来たのである。でもテラスは始めに書いた通りの混みようで、帰ろうかどうしようか躊躇していると、小柄な若いボーイが、「二人がけの席が一箇所だけ空いてますよ」と案内してくれた。珈琲を飲んで、午後の湿気を含んだ風にあたると、ホッとすると同時に今まで感じていなかっただるさがいっぺんに噴き出してきた。

前のテーブルでは中年の女が派手なアロハシャツを着た初老の男にキスをして、彼の首に紫色の花のレイをかけた。男は昨日釣り上げたビルフィッシュ（Billfishes）の大きさを、両手を広げて何度も何度も自慢し、そんなたわいのない話に女は飽きもせず大声で笑うのだった。

遠くの水平線は淡く霞んでいた。午後になると太陽が西に傾くまでいつもそんな風だ。ノートにメモを取るつもりだったのに、ついうとうととしてしまう。「老人と海」の主人公が捕まえた魚は何だったかな……などと夢うつつで考えている。人々の大きな話し声もいい子守唄だ。のんびりとリラックスする平和なひととき。

ニューヨークのＷＴＣビルにテロリストの操縦する飛行機が突っ込んだのは、その次の日の朝であった。

参考文献

『アイスランド・サガ』谷口幸雄、新潮社、一九九二年。

『アメリカ・インディアンの民話』スティズ・トムスン、皆河宗一訳、民族民芸双書49、岩崎美術社、一九七〇年。

『歩きたくなるハワイ』近藤純夫、亜紀書房、二〇一二年。

『イスラームの本』学研、一九九五年。

『井筒俊彦著作集』(コーラン)、中央公論社、一九九二年。

『オセアニア神話』ロズリン・ポイニャント、豊田由貴夫訳、青土社、一九九三年。

『神々のハワイ　文明と神話のはざまに浮かぶ島』スザンナ・ムーア、桃井緑美子訳、早川書房、二〇〇四年。

『ギリシャ神話』呉茂一、新潮社、一九七〇年。

『ギリシャ神話』山室静、社会思想社、一九七三年。

『ギルガメシュの探求』R・S・クルーガー、人文書院、一九九三年。

『ケルト神話と中世騎士物語』田中仁彦、中公新書1254、一九九五年。

『ゲルマン、ケルトの神話』E・トンヌラ他、みすず書房、一九八九年。

『神話学入門』大林太良、中公新書96、一九七九年。

『神話と近親相姦』吉田敦彦、青土社、一九九三年。

『性愛と暴力の神話学』木村武史編著(「ラテンアメリカにおけるエロスと暴力」谷口智子)晶文社、二〇二二年。

『世界神話事典』【世界の神々の誕生】大林太良他編、角川ソフィア文庫、二〇一二年。

『世界神話大事典』イヴ・ボンヌフォア、金光仁三郎他訳、大修館書店、二〇〇一年。

『世界神話大図鑑』アリス・ミルズ、荒木正純訳、東洋書林、二〇〇九年。

『世界の神話大図鑑』フィリップ・ウィルキンソン、林啓恵他訳、三省堂、二〇二一年。

『世界の神話伝説図鑑』フィリップ・ウィルキンソン、大山晶訳、原書房、二〇一三年。

『世界の神話101』吉田敦彦編、新書館、二〇〇〇年。

『世界の神話がわかる』吉田敦彦監修、日本文芸社、二〇〇二年。

「世界神話伝説体系21」『オーストラリア。ポリネシアの神話伝説』村松武雄編、名著普及会、一九二八年。

『世界神話入門』篠田知和基、勉誠社、二〇一七年。

『世界の神話をどう読むか』大林太良+吉田敦彦、青土社、一九九八年。

『世界鳥類神話』篠田知和基、八坂書房、二〇一七年。

『童話とその周辺』山室静、朝日選書159、一九八〇年。

『南島の神話』後藤明、中公文庫、二〇〇二年。

『日本人の心のふるさと』吉田敦彦、ポプラ社教養文庫4、一九九〇年。

『ハワイイ紀行』池澤夏樹、新潮社、一九九六年。

『ハワイ・南太平洋の神話』後藤明、中公新書1378、一九九七年。

『ハワイの歴史と文化』矢口祐人、中公新書1644、二〇〇二年。

『ハワイの不思議なお話』森出じゅん、文踊社、二〇一二年。

『Hawaii　神秘の物語と楽園の絶景』森出じゅん、パイ・インターナショナル、二〇二一年。

『ハワイ地名辞典』田中文雄、ミュートス(双文社)、二〇一九年。

『ハワイ』山中速人、岩波新書291、一九九三年。

『ハワイ島』(「地球の歩き方」)、ダイヤモンド社、一九九七年。

『北欧神話と伝説』V・グレンベック、新潮社、一九七一年。

『北欧神話物語』K・クロスリイホランド、青土社、一九九二年。

『ホノルルからの手紙』ハロラン芙美子、中公新書1228、一九九五年。

『まだあるグリムの怖い話』金成陽一、東京堂出版、二〇一二年。

『メソポタミアの神話』矢島文夫、筑摩書房、一九八二年。

『メソポタミアの神話』ヘンリエッタ・マッコール、丸善ブックス、一九九四年。

『妖精の国の扉』井村君江、大和書房、一九九八年。

『ヨーロッパの神話伝説』J・シンプソン、青土社、一九九二年。

A Handbook to the Reception of Classical Mythology: Vanda Zajko & Helena Hoyle: WILEY Blackwell & McFarland & Company,

Inc,Publishers.2000.

Anmerkungen zu den Kinder- und Hausmärchen der Brüder Grimm.1: J.Bolte/G.Polivka. Olms-Weidmann. Hildesheim.1994.

Bildendekmäler zur germanischen Götter- und Herdensage:Wilhelm Heizmann/Sigmund Oehrl:Walter de Gruyter GmbH,Berlin.2015

CREATION MYTHS OF THE WORLD Vol.1: David A Leeming. ABC LLIO, LLC.2010.OXFORD ENGLAND.

Deutsche Sagen: Brüder Grimm. Artemis & Winkler.München. 2000.

Die Gute Nachricht–Altes & Neues Testament:Deutsche Bibelstiftung.Stuttgart.1978.

Encyclopedia of ANCIENT DEITIES:Charles Russell Coulter & Patricia Turner.McFARLAND & COMPANY, INC.,PUBLISHERS..2000.

Hilo Legends. Frances Reed. Petroglyph Press, LTD. 1987.

Kinder-und Hausmärchen: Brüder Grimm.Wissenschaftliche Buchgesellschaft Darmstadt: 1989.

More Hawaiian Folktales: Thomas G. Thrum.: CHICAGO. A. C. McClurg. 1923.

Myths and Legends of the World. (Volume1-4): John M. Wickersham: Macmillan Reference USA/ An Imprint of The Gale Group: New York.

THE ANCIENT HISTORY OF THE MAORI, HIS MITHOLOGY AND TRADITIONS. Vol.1: John White: CAMBRIDGE UNIVERSITY PRESS. 2011.

WHO`S WHO in Classical Mythology: Michael Grand. Routledge. 2002.

【著者】
金成陽一
…かなり・よういち…
獨協大学外国語学部を経て日本大学大学院独文博士課程満期退学。新設のいわき明星大学教養部助教授、同大学人文学部日本文学科教授。2008年退任。兼任講師は日本大学・獨協大学・中央大学・跡見女子大学・他。ポップカルチャー学会元会長。主な著書に『誰が「赤ずきん」を解放したか』『グリム童話の中の怖い話』(大和書房)『グリム残酷童話』(講談社＋α文庫)『おとなのグリム童話』『遠い記憶遠い国』『賢治ラビリンス』(彩流社)等多数ある。

ハワイ神話《しんわ》　「夢《ゆめ》」紀行《きこう》

二〇二三年九月三十日　初版第一刷

著者――金成陽一
発行者――河野和憲
発行所――株式会社 彩流社
〒101-0051
東京都千代田区神田神保町3-10大行ビル6階
電話：03-3234-5931
ファックス：03-3234-5932
E-mail：sairyusha@sairyusha.co.jp
印刷――明和印刷(株)
製本――(株)村上製本所
装丁――中山銀士(協力・杉山健慈)

ISBN978-4-7791-2926-1 C0022
https://www.sairyusha.co.jp